Ulrich Eibach, Klaus Haacker,
Heinzpeter Hempelmann u.a.

# Betrifft:
# Kirche und Homosexualität



R. BROCKHAUS VERLAG WUPPERTAL UND ZÜRICH

GNADAUER VERLAG DILLENBURG

R. Brockhaus Taschenbuch Bd. 518


Umschlaggestaltung: Carsten Buschke, Solingen
Gesamtherstellung: Breklumer Druckerei Manfred Siegel KG
ISBN 3-417-20518-2
Bestell-Nr. 220 518

INHALT

# VORWORT

Die Beiträge dieses Buches sind direkt oder indirekt dem Thema *Homosexualität* gewidmet, das zur Zeit in kirchlichen Gremien und in der christlichen Öffentlichkeit lebhaft und zum Teil leidenschaftlich diskutiert wird (vgl. die Leserbriefe in Kirchenzeitungen). Es ist ein Thema, das eine Minderheit in Kirche und Gesellschaft existentiell betrifft, aber auch weite Teile der nicht unmittelbar und persönlich betroffenen Mitmenschen emotional anrührt. Manche Stimmen machen die eigene weitere Kirchenzugehörigkeit von einer bestimmten kirchlichen Entscheidung in dieser Frage abhängig.

Diese Gesprächslage ruft nach theologischer Arbeit im Befragen der biblischen Grundlagen und der kirchlichen Lehrtradition, aber auch im Hören auf Beiträge der empirischen Humanwissenschaften. Dem sind die vorliegenden Aufsätze gewidmet, die weitgehend unabhängig voneinander entstanden sind und dementsprechend verschiedene Aspekte behandeln und unterschiedliche Akzente setzen. Gemeinsam ist ihnen, daß sie die derzeitige Diskussion *vertiefen* wollen, weil es den Anschein hat, daß manche Gesprächsbeiträge ein angestrebtes Argumentationsziel allzu direkt ansteuern und damit verbundene Probleme ausblenden oder herunterspielen.

Wir sind uns dessen bewußt, daß schon das Offenhalten der Fragen das Empfinden engagierter Mitmenschen verletzen kann, die darauf drängen, daß eine jahrhundertelang von christlichen und unchristlichen Regierungen verfolgte Minderheit ohne jedes Wenn und Aber in ihrem Gefühlsleben und ihrer Lebensgestaltung respektiert wird. (In diesem Zusammenhang ist mit Hochachtung an die Rede des damaligen Bundespräsidenten Richard von Weizsäcker vom 8. Mai 1985 zu erinnern.) Christliche Ethik fragt jedoch bei diesem Thema wie in anderen Dingen nach Maßstäben für ein Leben in der Nachfolge Jesu, für eine Lebensgestaltung aus dem Hören auf Gott. Sie kann sich weder von einem konservativen noch von einem progressiven Volksempfinden unkritisch treiben lassen und auch nicht auf den Versuch verzichten, im Gespräch untereinander an *gemeinsamen* christlichen Überzeugungen und Lebensformen zu arbeiten.

# Exegetische Gesichtspunkte zum Thema Homosexualität

Stellungnahme zum Arbeitspapier „Homosexuelle Liebe" für rheinische Gemeinden und Kirchenkreise[1]

Klaus Haacker

## A. Zur Fragestellung

Die sich anbahnende Entscheidung der Evangelischen Kirche im Rheinland für eine neue Einstellung gegenüber dem Problem der Homosexualität wird mit ernstzunehmenden Argumenten verschiedenster Art begründet. Am gewinnendsten ist zweifellos die in diesen Voten zum Ausdruck kommende menschliche Zuwendung gegenüber einer Minderheit von Mitmenschen, die traditionell von der Mehrheit verachtet und verfolgt wurde. Diese Zuwendung erinnert an die Vorlage der Losung des Evangelischen Kirchentags von 1993 aus Röm 15,7 („Nehmet einander an, wie Christus euch angenommen hat zu Gottes Lob"). Diesem Eindruck der Übereinstimmung mit dem *Geist Jesu* stehen jedoch eindeutige biblische Aussagen gegenüber, in denen bestimmte homosexuelle Lebensformen als *nicht gottgewollt* bewertet werden, und *Gottes Wille* war dem Vaterunser zufolge eines der zentralen Anliegen Jesu (vgl. auch Mt 12,50; Mk 3,35).

Ich bin gebeten worden, „die biblischen Texte, die im

1 Für den Abdruck überarbeitete und erweiterte Fassung eines Referats vor der Synode des Kirchenkreises Düsseldorf-Süd am 26.2.1994.

Arbeitspapier der EKiR/Landessynode 1992 »Homosexuelle Liebe« herangezogen werden, exegetisch zu beleuchten und zugleich exemplarisch zu erläutern und zu hinterfragen, welchen Stellenwert biblische Texte heute in ethischen Diskussionen haben sollen/können/müssen". Für die kurze Zeit, die mir zur Verfügung steht, ist das zu viel verlangt. Darum verweise ich, was die *grundsätzliche* Bedeutung der Bibel betrifft, auf den Grundartikel I der rheinischen Kirchenordnung von 1952, wo es in Satz 3 heißt: „Sie (sc. die Rheinische Kirche) bekennt mit den Kirchen der Reformation, daß die Heilige Schrift die alleinige Quelle und vollkommene Richtschnur des Glaubens, der Lehre und des Lebens ist . . ." Eine Änderung dieses Satzes wird m.W. zur Zeit von keiner Seite gefordert. Ich kann mich also auf die Besprechung konkreter Texte beschränken. Dabei verzichte ich auf die Bekräftigung wohlbekannter und unbestrittener Beobachtungen[2] und konzentriere mich auf vernachlässigte Fakten oder revisionsbedürftige Meinungen.[3]

[2] Z.B. ist unbestritten, daß die biblischen Texte zur Sexualität kaum auf emotionale Aspekte eingehen (weder im Positiven noch im Negativen). Vor allem die ausdrücklichen Gebote zu diesem Lebensbereich handeln fast ausschließlich vom Geschlechtsverkehr im Sinne des Gebrauchs der Zeugungsorgane.

[3] Klammern mit Seitenzahlen ohne nähere Angaben beziehen sich im folgenden auf das Arbeitspapier der rheinischen Kirche, das zur Vorbereitung einer Beschlußfassung der Landessynode im Januar 1995 in Presbyterien und Kreissynoden diskutiert wird.

# B. Exegetisch-historische Beobachtungen und Argumente

## 1. *Zur homosexuellen Liebe zwischen Frauen*

Das Arbeitspapier diskutiert unter dem Oberbegriff „Homosexuelle Liebe“ sowohl Beziehungen zwischen Männern als auch solche zwischen Frauen. Im exegetischen Kapitel III erscheint jedoch nur ein einziger Text, der sich (angeblich) gegen lesbische Beziehungen richtet: Röm 1,26 (vgl. S. 42f). Daß Röm 1,26 antilesbisch zu verstehen sei, ist allgemein anerkannt, obwohl Paulus sich nur undeutlich ausdrückt. Er wirft den heidnischen Frauen vor, den natürlichen Verkehr mit dem widernatürlichen vertauscht zu haben. Diese vage Formulierung läßt darauf schließen, daß Paulus die gemeinte Sache als bekannt voraussetzt, und zwar als – für christliche Leser und Leserinnen – eindeutig verwerfliches Verhalten. Es gibt jedoch keine alttestamentlich-frühjüdisch-urchristliche *Tradition* der Verurteilung lesbischer Liebe. Paulus hätte hier, ohne sich eindeutig auszudrücken, ein völlig neues Thema der Heidenpolemik eingeführt. Das ist unwahrscheinlich, weil der Apostel in diesem ersten Teil seiner Argumentation im Römerbrief bewußt anerkannte Traditionen aufgreift, um erst schrittweise zu neuen Erkenntnissen und zu seinen persönlichen Anliegen hinzuführen.

Seine Ausdrucksweise läßt sich dagegen mühelos nachvollziehen als Anspielung auf eine alttestamentliche Tradition in unmittelbarer Nachbarschaft des Themas „Homosexualität“: In Lev 18,23 ist direkt nach der Erwähnung des Geschlechtsverkehrs zwischen Männern von der sog. *Tierschande* die Rede, und dabei ist auch ausdrücklich von *Frauen* die Rede:

„Du sollst auch bei keinem Tier liegen, daß du an ihm unrein werdest. Und keine Frau soll mit einem Tier Umgang haben; es ist ein schändlicher Frevel."

Auch in Lev 20 erscheinen die beiden Themen dicht beieinander (vgl. V. 13 und 15f, wobei wiederum die Frau eigens erwähnt wird).[4] In der Torah wird das Tabu der sog. Tierschande häufiger erwähnt als das Problem der Homosexualität (vgl. noch Ex 22,18; Dt 27,21). In der Polemik gegen Heiden taucht es zur Zeit des Paulus u.a. bei Philo von Alexandrien auf, der dabei auf die bekannte Sage vom Minotaurus[5] anspielt, der Ausgeburt einer Vereinigung einer Frau mit einem Stier (vgl. Philo, Einzelgesetze, 3,43ff).[6] Daß ein Sexualverhalten, das die Grenzen der Gattung Mensch überschreitet, „abseits der Natur" liegt, wie Paulus sich ausdrückt, also die in der Schöpfung gesetzten Strukturen durchbricht, leuchtet wohl ein.[7]

[4] Dieselbe Themenverbindung findet sich auch in Test. Lev. 17,11, Plutarch. Moralia 990D-991A; bQid 82[a]; BerR XVI zu Gen 2,16 sowie XVIII zu Gen 2,26. Daß ὁμοίως („in ähnlicher Weise") am Beginn von Röm 1,27 fordert keine Identität des Sachverhalts (gleichgeschlechtliche Liebe), sondern setzt nur irgendeine Übereinstimmung voraus, hier das Abweichen von der φυσικὴ χρῆσις (dem „natürlichen Verkehr"); vgl. etwa Mk 15,31 mit den beiden vorangehenden Versen.

[5] Vgl. u.a. Apollodor. Bibl. III 1,4; Diodor IV 77; Ovid. Metam. 9, 735–740; Vergil, Aeneis 6,24–26.

[6] Weitere Belege zitiert und diskutiert Karl-Wilhelm Niebuhr, Gesetz und Paränese (WUNT 2,38), Tübingen 1987; vgl. Register s.v. „Sodomie".

[7] Meines Erachtens lehrt bereits die Erzählung von der „Entdeckung" der Eva durch Adam in Gen 2,18–24, daß eine körperliche Vereinigung zwischen Mensch und Tier die schöpfungsmäßige Würde des Menschen verleugnet. Daß in Röm 1,26f ein dahingehendes Fehlverhalten von Frauen *vor* dem (homosexuellen) Fehlverhalten der Männer erwähnt wird, könnte mit einer jüdischen Auslegung von Gen 3 zusammenhängen, nach der Eva sich im Paradies mit der Schlange *sexuell* versündigt hatte; vgl. u.a. Pirqe de Rabbi Eliezer 21 und dazu A. Goldberg, Kain: Sohn des Menschen oder Sohn der Schlange? in: Judaica 25

Wir kommen damit zu dem Ergebnis, daß die Bibel auf der einen Seite die in der Umwelt weithin geduldete[8] *männliche* Homosexualität einhellig schroff ablehnt, andererseits die in der Umwelt überwiegend verpönte *lesbische* Lebensform mit keinem Wort erwähnt. Eine an der Bibel orientierte christliche Ethik sollte darum den heute üblichen nivellierenden Begriff der Homosexualität nicht unkritisch übernehmen, sondern nach den sachlichen Gründen dieses exegetischen Befundes fragen.

## 2. *Zum Zusammenhang zwischen Homosexualität und Götzendienst*

Das Alte Testament verurteilt den homosexuellen Koitus zwischen Männern in Lev 18,22; 20,13 mit starken Worten. Zur Verurteilung homosexuellen Verkehrs zwischen Männern dient an beiden Stellen die Vokabel *toᶜebah,* die in der Lutherbibel mit „Greuel" übersetzt ist. Das läßt irreführend an „Greueltaten", also an etwas Gewaltsames, denken. Das Wort *toᶜebah* drückt absolute Tabuisierung aus und will Abscheu wecken. Darum wird das Wort auch auf Götzendienst angewandt.[9] Es stimmt jedoch nicht (gegen S. 40.43), daß das Wort *toᶜebah* „Götzendienst" *bedeutet,* die

(1969), 203–221. Nach 2Kor 11,2f könnte Paulus diese Tradition gekannt haben, nach der die Sündengeschichte der Menschheit mit gerade dieser sexuellen Verfehlung begonnen hätte. (Diese Tradition steht wohl auch hinter Joh 8,44.)

[8] Immerhin konnte sich die Urkirche in dieser Frage mit Gebildeten, die sich an Platon (Leg. 636 und 836) orientierten, und mit der römischen Gesetzgebung (Lex Scantinia von 226 v. Chr. und Lex Iulia de adulteriis von 17 v. Chr.) einig wissen; vgl. Martin Honecker, Kirche und Homosexualität – ein theologischer Beitrag im Auftrag des Männerwerkes der Ev. Kirche im Rheinland, Düsseldorf 1994, S. 4.

[9] Vgl. Erhard Gerstenberger, Art. *tᶜb pi.* verabscheuen: Theol. Handwörterbuch zum Alten Testament II (1976) Sp. 1051–1055).

gelebte Homosexualität also *als Götzendienst bezeichnet* werde. Beide Verhaltensweisen sind ***absolut tabu.*** Mehr ist damit nicht gesagt.

Die Tatsache, daß homosexueller Verkehr als typisch heidnisch betrachtet und mit Götzendienst auf eine Stufe gestellt wird, hat zu der These geführt, daß von Hause aus nur eine in Verbindung mit heidnischen Kulten ausgelebte Homosexualität tabuisiert werden sollte. Die herrschend gewordene generelle Verurteilung wäre dann eine unbegründete und unnötige, zu überwindende Verallgemeinerung (vgl. S. 39f.43).[10] Diese Erklärung beruht auf einer früher anerkannten, heute aber umstrittenen Vorstellung von „kultischer Prostitution“ als Teil von Fruchtbarkeitskulten.[11] Unbestritten ist, daß es in der Umwelt der Bibel und zeitweise auch in Israel (vgl. 2Kön 23,7) Menschen gab, die einerseits zum Tempelpersonal gehörten und anderseits als Prostituierte käuflich waren. Prostitution ist im Alten Orient, und zwar auch in Israel, als *Einnahmequelle* von Tempeln nachgewiesen (vgl. Mi 1,7), nicht aber als sakrale Handlung. Auch ist bekannt, daß Prostitution z.T. auch in Israel von Privatpersonen geübt wurde, um Gelübde bezahlen zu können (vgl. Spr 7,14). Die scharfe Verurteilung des Geschlechtsverkehrs zwischen Männern im Alten Testament läßt sich jedoch nicht auf die Ablehnung einer ho-

[10] Vgl. Peter von der Osten-Sacken, Paulinisches Evangelium und Homosexualität: BThZ 3 (1986) 28–49, hier 35f; Jürgen Becker, Zum Problem der Homosexualität in der Bibel: ZEE 31 (1987) 36–59, hier 39–41 und 55; Klaus Wengst, Paulus und die Homosexualität: ZEE 31 (1987) 72–81, hier 74f.

[11] Vgl. Karel van der Toorn, Art. Cultic Prostitution: Anchor Bible Dictionary (1992) Bd. V, S. 510–513; dort Hinweis auf D. Arnaud, La prostitution sacrée en Mésopotamie, un mythe historiographique?: RHR 183 (1973) 111–115 und weitere Literatur.

mosexuellen kultischen Prostitution im Kontext von Fruchtbarkeitsriten zurückführen und begrenzen.[12]

Auch der von Paulus in Röm 1,18ff behauptete Zusammenhang zwischen Götzendienst und homosexuellem Verhalten von Männern setzt nicht voraus, daß dieses Verhalten „in seiner Umwelt überwiegend im Zusammenhang mit Götterkulten erlebt" wurde (S. 43). Das geht weder aus Röm 1 hervor[13] noch aus außerbiblischen antiken Quellen. Daß gelebte Homosexualität zwischen Männern als typisch heidnisch gilt und in einem Atemzug mit der heidnischen Verehrung von Götzenbildern genannt wird, hat den schlichten Grund, daß beide Themen nun einmal zu den spezifischen Setzungen der Torah gehören.[14]

### *3. Konstitutionelle oder fakultative Homosexualität?*

Das Arbeitspapier behauptet (S. 44f), daß die biblischen Texte keine „anlagebedingte" (besser: konstitutionelle) Homosexualität kennen, sondern nur die – gelegentliche und freiwillige – homosexuelle Abweichung von einer sonst problemlos praktizierten heterosexuellen Veranlagung bzw. Prägung. Daran ist richtig, daß die biblischen Texte den damit angedeuteten Versuch, Homosexualität „wissenschaftlich zu erklären", noch nicht kennen. Falsch

[12] So schon Horst Balz, Biblische Aussagen zur Homosexualität: ZEE 31 (1987) 60–72, hier S. 61. Daß ausgerechnet *homosexuelle* Prostitution einen Zusammenhang mit *Fruchtbarkeitskulten* haben soll, ist ohnehin ein schwer nachvollziehbarer Gedanke!

[13] Sonst müßte man annehmen, daß auch die in V. 29–31 aufgezählten Laster wie Habgier, Neid und Streit sich vorwiegend in Tempeln abspielten!

[14] Beachtenswert ist, daß Paulus in Röm 1 auch bei überwiegend heidenchristlichen Lesern, an die der Brief adressiert ist, schon die Überzeugung voraussetzt, daß homosexueller Geschlechtsverkehr verwerflich ist.

ist es jedoch, den Texten eine auf dieser Reflexionsebene liegende gegenteilige Position zu unterstellen. Das zeigt sich an folgenden Textbeobachtungen:

a) Die „Vertauschung" der heterosexuellen Lebensweise mit der homosexuellen ist für Paulus die Entsprechung zur „Vertauschung" der wahren Gottesverehrung mit dem heidnischen Bilderdienst (Röm 1,25f). Beide Aussagen werden in der erzählenden Vergangenheitsform (griech. Aorist) gemacht, die für *einmalige* Ereignisse üblich ist, und nicht im Imperfekt, das für ein wiederholtes, gelegentliches Verhalten angezeigt wäre.[15]

b) Paulus schreibt, daß Gott die Menschen, die ihm die Ehre und Dankbarkeit versagten, sich selbst überlassen hat, so daß sie von ihren Gefühlen und Wünschen abhängig wurden. Er wäre überhaupt nicht überrascht, von uns zu erfahren, daß man heute von nicht frei gewählter, sondern irgendwie schicksalhafter homosexueller Neigung spricht. Er würde seine Ausdrucksweise in Röm 1 nur bestätigt finden.[16]

c) Auch in 1Kor 6,9–11 spricht Paulus von der vorchristlichen Existenz der Leser und Leserinnen nicht im Sinne gelegentlicher Verfehlungen, sondern *seinshaft.* Da gab es Leute, die waren (grundsätzlich oder gewohnheitsmäßig) Götzendiener oder Diebe, Alkoholiker oder Ehebrecher – oder auch praktizierende Homosexuelle. Eben diese je verschiedenen *Persönlichkeitsmerkmale* sind seiner

[15] Paulus referiert sozusagen den „Sündenfall" der Menschheit, der mit der Nichtverehrung des Schöpfers begann, sich im Götzendienst fortsetzte und dann den Mißbrauch der Sexualität aufkommen ließ.

[16] Das dreimalige „Gott hat sie *ausgeliefert*" in Röm 1,24.26.28 erinnert an die Auslieferung Jesu an seine Gegner und Richter in den Leidensweissagungen.

Meinung nach mit dem Beginn des Christseins *vergangen.* (Anderswo prägt er dafür den Begriff der „neuen Schöpfung"; vgl. 2Kor 5,17.)[17]

## *4. Partnerschaft oder homosexueller Mißbrauch?*

Das Arbeitspapier unterstellt den biblischen Texten mehrfach (S. 40.43.44), daß die gewählte Ausdrucksweise einen inhumanen sexuellen Umgang miteinander im Auge habe. Auch hier haben die Verfasser einerseits recht, weil der Gedanke einer Sexualgemeinschaft in echter Partnerschaft der Antike insgesamt ziemlich fremd ist.[18] Auf der anderen Seite wird aber einigen Formulierungen der einschlägigen biblischen Texte eine negative Deutung gegeben, die durch nichts gerechtfertigt ist.

Die Formulierung „mit einem Mann schlafen wie mit einer Frau" meint mit ziemlicher Sicherheit den analen Koitus als Nachahmung des vaginalen, von dem in Num 31,17f.35; Ri 21,11f – bezogen auf die Frau – mit dem Ausdruck „mit einem Männlichen Schlafen" geredet wird. Daß dabei eine einseitige Rollenverteilung zwischen einem „aktiven" und einem „passiven" Partner gemeint sei, geht aus der Formulierung des hebräischen Textes nicht hervor, sondern ist in die Texte hineingelesen. Wo sagen die biblischen Quellen etwas darüber, wie passiv die Frauenrolle

[17] Vgl. von der Osten-Sacken (s.o. Anm. 10) 40: „Paulus ist davon ausgegangen, daß Christsein und homosexuelles Verhalten nicht vereinbar sind. Denn so sehr auch jene Solidarität der Sünder gilt, so geschieht doch nach dem Apostel in Christus Verwandlung zu neuem Leben, die die – als möglich vorausgesetzte – Absage an praktizierte Homosexualität einschließt."

[18] Partnerschaftliche Aussagen wie die von 1Kor 7,4 und Eph 5,21 sind für die Antike revolutionär.

beim Geschlechtsverkehr in einer normalen israelitischen Ehe war?

Ähnliches gilt von der Vokabel „Benutzung" (χρῆσις) für den Geschlechtsverkehr in Röm 1,26f (vgl. S. 43 unten). Sie ist nicht schlechter (und nicht besser!) als unser Wort „Verkehr". Das zugehörige Verbum (χρῆσθαι) wird z.B. in Apg 27,3 für die *menschenfreundliche* Behandlung des Untersuchungshäftlings Paulus während seiner Überbringung nach Rom gebraucht.

Es trifft also nicht zu, wenn im „Fazit" auf S. 44 behauptet wird: „Homosexuelle Praxis kommt nur als einseitiger Sexualakt in Blick, der ... den passiven Partner demütigt."

Zusammenfassend muß leider festgestellt werden, daß die exegetischen Ausführungen der Handreichung von der Tendenz geleitet sind, die biblischen Aussagen zur Homosexualität auf ein bestimmtes Erscheinungsbild oder einen begrenzten situativen Zusammenhang einzuengen, von dem sich heutige, verantwortlich gestaltete homosexuelle Beziehungen klar unterscheiden lassen, so daß sie von den Wertungen der biblischen Texte nicht betroffen sind. Die dafür vorgetragenen Argumente sind jedoch nicht überzeugend.

## C. Hermeneutische Reflexionen

Die biblischen Aussagen zu unserem Thema werden durch recht verschiedene Überlegungen in ihrer Verbindlichkeit für die Kirche in Frage gestellt. Zum Teil durch die oben besprochene einseitige, einengende Auslegung dieser Texte selbst. Weitaus wichtiger ist das Abwägen dieses doch ziemlich klaren biblischen Anliegens im Vergleich mit anderen biblischen Anliegen, das in Teil IV der Vorlage unternommen wird. Das reformatorische „sola Scriptura" meint die *ganze* Schrift und verbietet die Verabsolutierung von Teilaussagen. Zu zwei Punkten will ich kurz Stellung nehmen:

### *1. Berufen in den Begrenzungen der Geschöpflichkeit?*

Trotz eingangs (S. 47) geäußerter Bedenken gegen den Begriff der „Schöpfungsordnungen" werden die Unterschiede der Nationalität und des gesellschaftlichen Status, von denen in 1Kor 7 die Rede ist, als *von Gott gewollte* „Begrenzungen der Geschöpflichkeit" gedeutet (S. 49f).[19] Dabei wird vernachlässigt, daß der eventuelle Sklavenstatus durchaus nicht als gottgewollt (vgl. V. 23), sondern allenfalls als bis auf weiteres unabänderlich hingenommen werden soll (vgl. V. 21).[20] Auch in den Ehefragen unterscheidet Paulus in diesem Kapitel mehrfach zwischen dem, was unter den gegebenen Umständen möglich ist, und dem, was eigentlich das Beste wäre. Dieses Kapitel predigt nicht nur das Akzeptieren des geschichtlich-biographisch bedingten Status quo. Es ermutigt zu Kompromissen *und zugleich zur Unzufriedenheit mit ihnen*! Das lädt ein zu gesellschaftskritischer und zugleich selbstkritischer Auseinandersetzung mit unseren jeweiligen Lebensproblemen.

[19] Dabei wird die tatsächlich geschöpfliche Bestimmung „Mann oder Frau sein", die in 1Kor 7 kein Thema ist, in den Text hineingelesen (vgl. S. 49). Zur Diskussion steht nicht Mann- oder Frausein, sondern Heiraten oder Nichtheiraten. Auch das Jude- oder Nichtjudesein wird nicht als geschöpfliche Tatsache diskutiert, sondern als Ergebnis der Beschneidung, zu der sich ein Nichtjude durchaus entschließen könnte (vgl. V. 18).

[20] Zum Sinn der viel diskutierten Wendung μᾶλλον χρῆσαι (ohne Objekt) am Ende von V. 21 vgl. Teles VI,27 (53 H, O'Neill S. 58f) vom Ausnutzen günstiger Winde als Metapher für das Ergreifen der Gelegenheiten, die das Schicksal bietet.

Nicht zu überhören ist freilich, *was* denn nach 1Kor 7,19 die geschichtlich gewordenen gesellschaftlichen Unterschiede überbrückt:

> „Beschnitten sein ist nichts, und unbeschnitten sein ist nichts, sondern: Gottes Gebote halten."

Wenn etwas an diesem Kapitel „antienthusiastisch" ist[21], dann dieser Satz!

## 2. *„Nehmet einander an!"*

Zu Beginn war von der Losung vom gegenseitigen Annehmen die Rede, bezogen auf die Offenheit für diejenigen, die anders sind als wir. Das war eine *freie* Auslegung dieses Wortes aus Röm 15,7. Als Schlußwort des bei Paulus vorangehenden Gedankengangs handelt es nicht vom gegenseitigen Annehmen der Judenchristen und der Heidenchristen in ihrem unveränderlichen So-sein, ihrer Identität. Vielmehr geht es in Röm 14 um das Aushalten der Spannung zwischen zwei *Richtungen* in den römischen Gemeinden. (Möglicherweise waren es auch geborene *Heiden,* die in Rom von kultisch-asketischen Motiven der *jüdischen Tradition* fasziniert waren.) Zwischen beiden Richtungen fanden heiße Diskussionen statt, und Paulus läßt keinen Zweifel daran, daß es für ihn in den umstrittenen Fragen eine richtige und eine irrige Auffassung gab (vgl. Röm 14,14).[22]

[21] Vgl. S. 50: „Gegen die Versuchung, die eigenen Grenzen zu überspringen (vielleicht enthusiastisch, im Vorgriff auf den Himmel), schärft der Apostel mit Nachdruck ein „Nur soll jeder so leben, wie der Herr es ihm zugemessen, wie Gott einen jeden berufen hat" (1. Kor. 7,17) . . ."

[22] Paulus teilt – obwohl selbst Judenchrist – die Meinung derjenigen Christen in Rom, die den Unterschied zwischen Rein und Unrein („Profan") für in Christus überwunden hielten (vgl. V. 14); seine ebenfalls judenchristlichen Freunde in Rom, Prisca und Aquila, werden ebenso gedacht haben.

Aber mit der abschließenden Mahnung „Nehmt einander an!" gibt er nicht der einen, ihm selbst nahestehenden „liberalen" Position recht, sondern sagt etwas über die Haltung, in der die Diskussionen geführt und die praktischen Kompromisse gesucht werden sollen.

Dieses „Nehmt einander an!" kann auch in der uns hier beschäftigenden Frage nicht als das Motto einer Position gelten, sondern ist ein Impuls für unseren Umgang miteinander angesichts der Überzeugungen, in denen wir nicht übereinstimmen. Die Diskussion über das Thema Homosexualität verläuft nicht zwischen heterosexuell veranlagten oder geprägten Christenmenschen auf der einen Seite und homosexuell veranlagten oder geprägten Christenmenschen auf der anderen Seite. Vielmehr sind hetero- *und* homosexuell geprägte Christenmenschen *geteilter* Meinung in der Frage, ob das, was die Bibel in dieser Hinsicht tabuisiert, tabu bleiben soll oder nicht. Die jeweilige Überzeugung in dieser Frage sollte weder auf der einen noch auf der anderen Seite als bloße Konsequenz einer Veranlagung bagatellisiert, sondern als vor Gott zu verantwortende *ethische Entscheidung* ernstgenommen werden.

„Davon abgesehen sollten wir uns damit anfreunden, daß es zwischen der totalen Verwerfung biblischer Lehrtradition auf der einen Seite und der aggressiven Verurteilung von Menschen die ihr nicht entsprechen, auf der anderen Seite einen weiten Raum für differenzierende Betrachtung und einfühlsames Verständnis gibt. Gerade in der Sexualethik (z.B. in der Frage der Ehescheidung) hat die Kirche gelernt, sich mit dem Zurückbleiben der Lebenswirklichkeit von Christen (auch von Pfarrern und Pfarrerinnen) hinter klaren biblischen Normen abzufinden. Gerade dort, wo über die Notwendigkeit einer ethischen Orientierung an der Bibel Einverständnis herrscht, weil wir keine andere Basis haben, den Willen Gottes für unser Leben zu erkennen, können die Grenzen und Zwänge individueller Biographie (die oft überindividuelle geschichtliche Ursachen haben) als von Gott zugelassen bejaht und gemeinsam ertragen werden."

# Kirche und Homosexualität. Sieben Perspektiven

Heinzpeter Hempelmann

## 1. Perspektive: zum geschichtlichen, geistigen und gesellschaftlichen Horizont

a) Das Thema Homosexualität darf *nicht isoliert* behandelt werden, sondern muß in den gesellschaftlichen und geistigen Zusammenhängen gesehen werden, in denen wir uns bewegen.

– Die Diskussion über Homosexualität ist belastet und vorbelastet durch eine Diskriminierung homosexueller Menschen vor allem – aber nicht nur – in der Zeit der nationalsozialistischen Gewaltherrschaft. Sowohl eine pauschale Verurteilung wie auch ein unkritischer Wille zur „Wiedergutmachung" erschweren aber eine sachliche Auseinandersetzung.

– Es gibt in unserer Geschichte und unserer Gesellschaft eine gängige Verurteilung von Homosexualität, die auf Motiven beruht, die nicht christlich sind: Oft wird ja etwas Andersartiges nur deshalb abgelehnt, weil es anders ist. Oft begründen Menschen auch dadurch Gemeinsamkeit, daß sie trotz aller Unterschiede, die sie trennen, etwas haben, gegen das sie alle miteinander sind. Oft auch ist man sich in der Ablehnung von Homosexualität einig, weil man von anderen strittigen Verhaltensweisen ablenken will. Wieviele Menschen etwa wehren instinktiv Homosexualität ab, haben aber keinerlei Probleme mit vor- und außerehelich gelebter Sexualität, geschweige denn mit dem gängigen promiskuitiven Verhalten! Es gibt hier manche Motive, die nicht christliche sind und von denen sich Christen nur distanzieren können. Es gilt, das Spezifikum und Profil eines christlichen, biblisch rückgebundenen Standpunktes deutlich zu machen.

– Biblisch-theologische Urteilsbildung sollte die Forderung nach Gleichstellung und Gleichberechtigung homosexueller Lebensweise erörtern als Teilerscheinung der postmodernen Beliebigkeit und Gleich-Gültigkeit aller Lebensformen. Homosexualität wie auch andere biblisch nicht zu rechtfertigende Lebensformen (wie voreheliche, außereheliche und eheähnliche Lebensformen) verstehe ich als Äußerungen einer sehr viel tiefergehenden Krise von Gesellschaft und Kirche.

b) In Anlehnung an Friedrich Nietzsche ist davon auszugehen, daß wir in einer Zeit nach dem „Tode Gottes" leben. Der postmoderne Zeitgenosse *kann* „Gott", verstanden als etwas Übergreifendes, als Grund einer überindividuell gültigen, für alle verpflichtenden Orientierung („Ethik") gar nicht mehr denken.

Postmoderne kennt nicht mehr die eine Wahrheit für alle; sie kann die Wahrheit, die für alle gilt, weil sie die Wahrheit ist, gar nicht mehr denken. An die Stelle der universalen Wahrheit für alle tritt die Pluralität der individuellen Wahrheit*en* der vielen einzelnen. Da kein allgemeingültiges Kriterium für deren Beurteilung mehr gedacht werden kann, sind die individuellen Wahrheiten alle gleich-gültig. Aus der Gleich-Gültigkeit der vielen individuellen Wahrheiten resultiert mit Notwendigkeit die Vergleichgültigung der traditionellen, neuzeitlichen und noch modernen Frage nach *der* Wahrheit. An ihr ist der postmoderne einzelne nicht mehr interessiert. Er gibt sich seinen Horizont, sein „Allgemeines", seine Wahrheit und seinen Sinn selber.

Wo es das Absolute und den Absoluten im herkömmlichen Sinn nicht mehr gibt, ist sich das Individuum zum Absoluten, zum letzten Maßstab, zum Maß aller Dinge geworden.

c) Wo es keinen übergeordneten Sinn mehr gibt, wo allgemeingültige, alle verpflichtende Werte nicht mehr gedacht werden können,

– da ist gesellschaftliches Zusammenleben dann nur noch bestimmt durch den Ausgleich konkurrierender Partikularinteressen;

– da wählt sich das Individuum in seinem Lebenskonzept selbst, von der Mode über seine Religion (P.L. Berger: „Zwang zur Häresie") bis hin zur Frage sexueller Neigungen;

– da ist jede Wertung von Homosexualität – auch die durch Kirchenleitungen – bloß „individuell" (bloß eine Wahrheit unter vielen und d.h. letztlich: bloß eine „Meinung"); da gibt es ja nur noch „Meinungen", nicht aber mehr die – und sei es biblisch-theologisch rückgebundene – Wahrheit in dieser Frage;

– da kann es eine Norm in dieser wie in anderen ethischen Fragen nicht mehr geben, weil eine solche übergreifende, für alle Individuen gültige Orientierung (ein „Horizont") gar nicht mehr gedacht werden kann;

– da stellt darum jede Vorgabe von allgemeinen Werten, jede kritische Bewertung individuellen Verhaltens eine Bevormundung des Individuums und eine „unverschämte", weil nicht zu begründende Einmischung in ein Verhalten dar, das einen anderen „nichts angeht";

– da bedeutet jede Kritik an einem individuellen Lebenskonzept und seinen Lebensäußerungen bis hin zu homosexuellen Praktiken eine Beschneidung von Selbstverwirklichung und insofern eine Verletzung eines „Menschenrechtes“ – vorausgesetzt, es wird niemandem ein Schaden zugefügt.

d) Wer das Thema Homosexualität behandelt, muß sich dieses gesellschaftlichen und ideologischen, auf der Basis der gegebenen Voraussetzungen stimmigen Meinungsbildes bewußt sein.

Wer sich gegen bestimmte Lebensformen mit Gründen und nicht bloß aus Erwägungen des Geschmacks wendet, muß wissen, daß er gegen den *mainstream* heutigen gesellschaftlichen Bewußtseins antritt und den Unmut der Mehrheit auf sich zieht.

## 2. Perspektive: die biblischen Aussagen

Die Schriftgrundlage zum Thema Homosexualität ist ebenso schmal wie eindeutig.

a) Altes Testament

– Lev 18,22f: „Bei einem Mann sollst du nicht liegen (mit einem Mann sollst du nicht schlafen), wie man bei einer Frau liegt (wie man mit einer Frau schläft). Ein Greuel ist es. Und bei keinem Vieh sollst du liegen, so daß du dich an ihm unrein machst. Und eine Frau soll sich nicht vor ein Vieh hinstellen, damit es sie begatte: Es ist eine schändliche Befleckung.“

– Lev 20,13: „Und wenn ein Mann bei einem Manne liegt, wie man bei einer Frau liegt, dann haben beide ein Greuel verübt. Sie müssen getötet werden; ihr Blut ist auf ihnen.“

– Vgl. noch Gen 19,5; Ri 19,22 (Verstoß gegen Gastfreundschaft; homosexuelle Vergewaltigung).

Bemerkenswert:

– Die beiden Hauptbelege finden sich im sog. „Heiligkeitsgesetz“ (Lev 17–26) als einem der zentralen Texte alttestamentlicher Überlieferung.

– Angesprochen ist der anale Koitus zwischen Männern. Dieser ist etwas absolut Untragbares. Das „Greuel“ ist nicht mißzuverstehen als „Vergewaltigung“, die dann hier alleine verboten wäre, sondern eben als theologische Qualifikation dessen, was ein solcher Geschlechtsverkehr zwischen Männern ist.

– Die in Lev 18 gegebenen Weisungen unterscheiden die Israeliten von heidnischen Völkern (vgl. 18,3.24–28).

– Körperliche Liebe zwischen Frauen wird nicht angesprochen. Lev 18,23 erwähnt lediglich die „Sodomie“.

– Daß die Freundschaft zwischen David und Jonathan nicht im Sinne eines homosexuellen Verhältnisses verstanden werden kann, ist gemeinsame Überzeugung alttestamentlicher Wissenschaft.

Eine Ausnahme aus jüngster Zeit stellen Äußerungen von E. Gerstenberger zu 1.Sam 1,17–27 dar (vgl. ATD Bd. 6, Göttingen 1993, zu Lev 18,22; 20,13). Gerstenberger kann seine Position aber nicht exegetisch begründen. Seine Überlegungen haben bis in die Wortwahl hinein einen hypothetischen und stark spekulativen Charakter, besitzen aber keinerlei Anhalt an den Texten. Gerstenberger unternimmt den ehrenwerten Versuch am freilich untunlichen Objekt, sich gegen die Ächtung und Verfolgung von Homosexualität in der Kirchengeschichte abzugrenzen. Nichts, was wir sonst noch über David wissen, von den intensiven Beziehungen zu mehreren Hauptfrauen bis hin zum Ehebruch mit Bathseba stützt die These von der Homophilie König Davids. Diese kann im alttestamentlichen Kontext unbedingter Ablehnung von Homosexualität nicht anders als absurd wirken.

b) Neues Testament

– 1.Kor 6,9f: „Wißt ihr nicht, daß Ungerechte das Reich Gottes nicht erben werden? Irrt euch nicht! Weder Unzüchtige, noch Götzendiener noch Ehebrecher, noch Wollüstige (μαλακοί: Weichlinge, die die passive Rolle beim analen Koitus einnehmen), noch Knabenschänder (ἀσενοκοῖται: Männer, die mit Männern schlafen, also die aktive Rolle übernehmen), noch Diebe, noch Habsüchtige, noch Trunkenbolde, noch Lästerer, noch Räuber werden das Reich Gottes ererben."

– 1.Tim 1,9: Das Gesetz ist bestimmt „für Gesetzlose und Widerspenstige, für Gottlose und Sünder, für Heillose und Unheilige, Vatermörder und Muttermörder, Mörder, Unzüchtige, Knabenschänder, Menschenräuber, Lügner, Meineidige, und wenn etwas anderes der gesunden Lehre entgegensteht, nach dem Evangelium . . ."

– Röm 1,26: „Deswegen hat Gott sie dahingegeben in schändliche Leidenschaften. Denn ihre Frauen haben den natürlichen Verkehr in den widernatürlichen Verkehr verwandelt, und ebenso haben auch die Männer den natürlichen Verkehr mit der Frau verlassen, sind in ihrer Wollust zueinander entbrannt, indem sie Männer mit Männern Schande trieben, und empfingen den gebührenden Lohn ihrer Verirrung an sich selbst."

Bemerkenswert:

– Das Neue Testament steht in sachlicher Kontinuität zum Alten Testament.

– Homosexualität wird als mit dem „Reich Gottes", seinem Willen und dem „Evangelium" nicht vereinbar abgelehnt.

– Paulus interpretiert Homosexualität in Röm 1 als Folge des Zornes Gottes und als Perversion, die aus der Dahingabe des Menschen an sich selbst resultiert.

– Röm 1 bietet eine ganze Reihe von semantischen Signalen dafür, daß Paulus seiner Kritik an Homosexualität eine grundsätzliche, nicht nur situationsbezogene, kasuale Bedeutung zuweist:

τὰ μὴ καθήκοντα, 1,28: das, was nicht geziemt; τὴν φυσικὴν χρῆσιν εἰς τὴν παρὰ φύσιν (V. 26): den natürlichen (haben sie) gegen den unnatürlichen Gebrauch (ausgetauscht), vgl. ähnlich V. 27; πάθη ἀτιμίας, V. 26, kennzeichnet nach Mitteilung von K. Haacker eine Lust, die der Menschenwürde nicht entspricht. Auch dieser Ausdruck signalisiert eine grundsätzliche Überlegung.

– Was mit widernatürlichem Verkehr mit Frauen gemeint ist, bleibt im Gegensatz zur konkreten Bestimmung männlicher Homosexualität blaß. Denkt Paulus im Anschluß an Lev 18 an den Verkehr mit dem Tier oder lesbischen Verkehr?

## 3. Systematisch-theologische Perspektive: Was ist heute verbindlich?

a) Ein bloßes Zitieren biblischer Aussagen zielt zu kurz. Notwendig ist eine Interpretation der einschlägigen Belege im Gesamtzusammenhang biblischer Anthropologie. Ein bloßes Zitieren biblischer Aussagen genügt weder den Standards einer biblischen Hermeneutik, noch kann es sich gegen den Vorwurf wehren, willkürlich einzelne Aussagen aus dem Zusammenhang zu reißen.

b) Strittig ist weniger der exegetische Befund. Streitfall ist in Theologie und Kirche vielmehr die Frage, wie dieser historische Befund zu werten ist und welche Bedeutung ihm für die Gegenwart zukommt.

– Ganz gleich, wie man die Stellen des Neuen Testamentes im einzelnen auslegt, – die Tatsache, daß hier christusgläubige, an die Autorität der Tora weiterhin gebundene *Juden* schreiben, bedeutet, daß die Ablehnung von Homosexualität selbstverständlicher, im einzelnen nicht mehr besonders zu entfaltender Horizont aller Einzelaussagen ist.

– Eine Entmächtigung der Schriftbelege vollzieht sich oft auf anderem Wege. So argumentiert man z.B., in 1.Kor 6 und 1.Tim 1 stünden neben der Homosexualität ja auch andere, vom Reich Gottes ausschließende Verhaltensweisen. Diese würden in der Gegenwart von christlicher Ethik weit weniger streng geahndet. M.a.W.: Warum soll man es ausgerechnet mit der Homosexualität so ernst nehmen? Geschieht das vielleicht nur darum, weil das bei Randsiedlern und Außenseitern unserer Gesellschaft und Kirche besonders leicht ist? So sehr dieser eklektizistische Umgang mit der Bibel zuzugestehen ist, so sehr es zu verurteilen ist, wenn man hier mit zweierlei Maß mißt, so notwendig also selbstkritische Konsequenzen aus dieser Beobachtung zu ziehen sind, so sehr kann doch umgekehrt der partielle Ungehorsam gegen Gottes Gebot im Ernst kein Argument sein, uns von der Befolgung auch noch anderer Gebote Gottes zu entlasten.

– Die normative Bedeutung der biblischen Aussagen für die Gegenwart wird auch durch die Behauptung in Frage gestellt, dem Alten Testament ginge es bei seiner Abwehr von Homosexualität nur um eine Abgrenzung gegen heidnische Kultpraktiken. M.a.W.: die Weisungen Gottes seien zwar für ihre Zeit richtig, aber sie seien eben zeitbedingt und könnten darum heute keine Anwendung finden.

c) Exegetisch ist auf einen dreifachen Sachverhalt hinzuweisen:

(1) Nach W. Eichrodt handelt es sich bei den einschlägigen Verurteilungen von Homosexualität um Teile aus dem „Heiligkeitsgesetz“, die auf älteste *Rechts*ordnungen zurückgehen. Diese reichen in sehr frühe Zeiten zurück und müssen als Zeugnisse einer auf Gottes Anordnung begründeten Sozialordnung gelten.

(2) Die Abgrenzung gegen Homosexualität ist nicht nur kultisch, sondern auch ethisch bedingt. Das „Heiligkeitsgesetz“ besitzt nicht nur einen kultischen bzw. heidnische Kulte kritisierenden, sondern auch einen ethischen Charakter. Der angesprochene Textzusammenhang enthält eine ganze Reihe von ganz unkultischen und sehr zentralen ethischen Anweisungen (vgl. nur Lev 19,18; 20,9.21 etc.). Die These von einer bloßen Kultkritik ist also schon durch die Eigenart des Kon-Textes nicht abgedeckt, in dem sich die beiden Hauptbelege zum Thema Homosexualität befinden.

(3) Zudem liegt das „Heiligkeitsgesetz“ in seiner jetzigen Gestalt wahrscheinlich erst in exilischer Zeit vor. In dieser Zeit konnte aber kein polemisches Interesse der Abgrenzung gegen kultische Prostitution kanaanäischer Religion mehr die Abweisung homosexuellen Verhaltens begründen.

Auf den Einwand der „Zeitbedingtheit“ ist zu antworten, daß alles Reden und Handeln Gottes „zeitbedingt“ ist; daß es zum Wesen des Redens und Handelns Gottes gehört, sich zeit-bedingt, zeit-bezogen: ganz konkret an ganz bestimmte Menschen zu richten. In zeit-bezogener Form ergeht eine für alle Zeiten gültige Weisung Gottes.

Der Begriff des „Zeitbedingten“ verdankt sich einem rationalistischen Denken, das sich durch die Abwehr alles

Geschichtlichen als etwas Minderwertigem auszeichnet. Historische Einsicht gilt hier als nicht wahrheitsfähig, eben weil sie bedingt ist durch ihre Zeit. Wahrheitsfähig und gültig könne dagegen nur das sein, was jenseits der Geschichte liegt. Wer sich einem solchen Denken anschließt, tritt in einen grundsätzlichen Gegensatz zu den biblischen Zeugnissen von der Offenbarung Gottes in der Geschichte.

Um eine solche falsche Weichenstellung oder ein entsprechendes Mißverständnis zu vermeiden, möchten wir statt von „zeit-bedingt" lieber von „zeit-bezogen" reden. So kann verhindert werden, daß das zeitbezogene, weil geschichtliche, zugleich für alle Zeiten gültige Reden Gottes als „zeitbedingt" für ungültig erklärt wird, nur weil es nicht zeit-gemäß ist, sprich: dem begrenzten Denken unserer Zeit mit ihren Vorstellungen nicht entspricht.

So richtig die Einsicht in die Zeit-Bedingtheit oder besser Zeit-Bezogenheit aller biblischen Aussagen (bis hin zum *Wort vom Kreuz*!) ist, so falsch sind die Konsequenzen, die aus ihr gezogen werden. Das ganz konkrete Reden und Handeln hat ja einen – göttlichen – Grund, der bleibende Bedeutung hat. Wenn man nicht einen bloß expressionistischen Charakter dieser Weisungen unterstellt (Verbot von homosexuellen Praktiken als *Ausdruck* des Mißfallens des Gottes Israels an den heidnischen Kulten: als bloße *Veranschaulichung* des Zornes Gottes in Röm 1), muß doch danach gefragt werden, welche Gründe denn in der Sache gerade diese spezifische Ablehnung notwendig werden lassen.

Bezogen auf den genannten Einwand heißt das: Die von Gott gebotene Abgrenzung gegen heidnische Kulte mit ihren homosexuellen und anderen Praktiken hatte ihren *sachlichen* Grund ja gerade darin, daß genau diese Praktiken Gott ein Greuel sind. Die heidnischen Götzenverehrungen werden deshalb abgelehnt, weil sich in der Anbetung der Götzen eine Perversion des dem Menschen von der Schöpfung her vorgegebenen Verhaltens vollzieht.

Bezogen auf Röm 1: die Illustration des Zornes Gottes am Beispiel der Homosexualität hat eben einen *sachlichen* Grund, der Paulus gerade diese sexuellen Perversionen zum Beispiel und zur Anschauung der Perversion des Gott und Mensch vertauschenden Geschöpfes werden läßt.

d) Notwendig ist die Einbindung der biblischen Abwehr von Homosexualität in die biblisch bezeugte, gottgewollte Polarität von Mann und Frau (vgl. nur Gen 1,26f; 2,18–25; Mk 10,2–9; Eph 5,25–33; 1.Kor 11,11), deren Verlassen bzw. deren Perversion Unheil für den Menschen nach sich zieht.

## 4. Ethische Perspektive: der Wille Gottes

a) Christliche Theologie muß sich fragen lassen, ob sie im Unterschied zu jeder Philosophie und Ideologie etwas weiß von einer geschichtlichen Offenbarung eines konkreten *Willens* des lebendigen Gottes. Gegenüber dem heute häufig zu hörenden Argument, homosexuelle Praktiken seien legitim und evangeliumsgemäß da, wo sie ein Ausdruck von Liebe seien, ist zurückzufragen,

– ob hier das Evangelium nicht als Vorwand für eine ethische Nachlässigkeit mißbraucht wird (vgl. Gal 5,13: Mißbraucht die Freiheit nicht als einen Anlaß für das Fleisch!);

– ob sich nicht im Gegensatz zu einem romantisierenden Verständnis Liebe in der Bibel in einem konkreten, näher bestimmten Tun manifestiert: „Wenn ihr mich liebt, so haltet ihr meine Gebote“ (Joh 14,15);

– was daran hindern kann, diese „Rechtfertigung“ auch auf Ehebruch, Inzest oder Polygamie auszudehnen und also christliche Ethik jeder inhaltlichen Substanz zu berauben.

b) Auch und gerade in einer Gesellschaft, die in ihren Wert- und Leitvorstellungen weithin nicht mehr christlich orientiert ist, sondern eine Pluralität von Wertvorstellungen und Zielen kennt, die eine solche Pluralität sogar weithin zum Programm des Pluralismus, d.h. der *Gleich-Gültigkeit* aller ethischen und weltanschaulichen Überzeugungen ideologisiert, ist der Wille Gottes in Gesetz und Evangelium als überindividuelle, jeden einzelnen als Geschöpf Gottes in Anspruch nehmende normative Größe zur Geltung zu bringen. Christentum, christlicher Glaube und christliche Ethik stellen zwar nur noch eine partikulare Größe dar, aber wir haben das Evangelium als partikulare Größe mit universalem Anspruch zur Geltung zu bringen.

c) Insofern für Paulus das Phänomen homosexueller Praktiken in Röm 1,24ff weniger als Sünde, vielmehr primär als Zeichen des Gerichtes Gottes und der Ferne Gottes von einer Gesellschaft in den Blick kommt, die sich nicht Gott verdankt, sondern Selbstvergottung will, greift jede Kritik an Homosexualität zu kurz, die bloß moralisch argumentiert, und nur auf die Verhaltensweisen von einzelnen abhebt. Notwendig ist eine Wahrnehmung und eine Kritik des Gesamtzusammenhangs, der unter dem Zorn Gottes steht und als dessen Auswirkung dann auch homosexuelle Praktiken zu begreifen sind.

d) Schließlich darf nicht übersehen werden, daß eine kirchliche Anerkennung das jüdisch-christliche Gespräch erheblich belasten würde. Ein christliches Ja zu homosexuellen Praktiken oder gar deren Segnung vergrößert die Kluft zwischen Kirche und Synagoge. Ein solches Ja stünde im Widerspruch zu der für das Judentum selbstverständlichen Ablehnung von Homosexualität und seiner, Judentum und Christentum bis dato verbindenden Erkenntnis des Willens Gottes.

## 5. Biologische Perspektive

a) Im Streit der Meinungen wird zunehmend mehr auch eine doppelte biologische Betrachtungsweise ins Spiel gebracht:

– *Genetisch* wird nach einer biologisch dem individuellen Leben vorgegebenen Bestimmung zur Homosexualität gesucht (sog. Schwulen-Gen); das, was unkorrigierbar, weil „angeboren“ ist, sei legitim. Hier könne niemand eine Verhaltensänderung erwarten. – Im Gegenzug bemühen sich manche christlichen Psychiater neuerdings um den Beweis der These, Homosexualität sei im wesentlichen auf eine – frühkindliche – Prägung zurückzuführen; diese sei korrigierbar.

– *Verhaltensbiologisch* wird auf homosexuelle Praktiken im Tierreich verwiesen und nicht zuletzt durch dieses Gegebensein homosexueller Verhaltensweisen beim Tier auf deren „Natürlichkeit“ auch beim Menschen abgehoben. Diese wiederum begründe ihre Legitimität.

b) In diese Argumentationen gehen verschiedene Voraussetzungen ein, die zu hinterfragen sind:

– Es ist schon philosophisch, argumentationslogisch, ein Fehler, vom Sein auf das Sollen, vom Tatsächlichen auf Normen zurückzuschließen. Wo das Faktische zur Norm wird, ist die Würde des Menschen preisgegeben als eines Wesens, das sich zu sich selbst, auch zu seinen Wünschen und Trieben verhalten kann.

Der menschenverachtende Sozialdarwinismus mit seinem Plädoyer für den „natürlichen" Kampf ums Dasein und das natürliche (genetisch bedingte) Recht des Stärkeren muß Anlaß genug sein, einer bloßen Berufung auf das Natürliche als das Erlaubte und Legitime zu mißtrauen. In einer gefallenen Schöpfung, die unter der Macht der Sünde steht, ist das „natürlich Gegebene" nicht einfach ineinszusetzen mit dem von Gott Geschaffenen und Gewollten.

– Wo der Mensch sein eigenes Verhalten mit Hinblick auf das Tierreich zu legitimieren sucht, versteht er sich nicht mehr vor Gott („Gottesebenbildlichkeit"), sondern „vor den Tieren". Hier fällt eine weltanschauliche Entscheidung von allergrößtem Gewicht.

Abgesehen davon ist nirgendwo Homosexualität bei Tieren in ihrem natürlichen Umfeld beobachtet worden. Die in der Literatur zitierten Fälle sind vielmehr das Ergebnis menschlicher Manipulationen, des Lebens in Gefangenschaft oder des Fehlens geeigneter Partner. Sie beweisen also gerade das Gegenteil dessen, wofür sie stehen sollen, insofern sie Homosexualität gerade als Folge eines unnatürlichen, depravierten Lebenszusammenhanges deutlich werden lassen.

Konstitutionelle Homosexualität als unter Tieren „normal" gegebene und verbreitete Verhaltensweise ist nicht denkbar. Sie wäre unter dem Gesichtspunkt der Sicherung der Fortpflanzung absolut kontraproduktiv und würde sich, wo sie auftritt, in Kürze selbst eliminieren.

– Gesetzt den Fall, Homosexualität wäre genetisch bedingt oder teilbedingt, würde selbst dieses „natürliche" Vorkommen homosexueller Dispositionen auch ethisch nicht zugleich deren Legitimität bedeuten, – genausowenig wie das faktische Vorkommen anderer Verhaltensweisen im Tierreich wie z.B. Betrug, Tücke und Hinterlist, Fressen und Gefressenwerden ein Argument dafür sind, diese für moralisch, akzeptabel, legitim zu halten.

Behauptet wird mit dieser Bemerkung keine moralische Gleichwertigkeit von Homosexualität mit den genannten Verhaltensweisen. Es soll nur die Unhaltbarkeit einer bestimmten Argumentations*struktur* deutlich werden.

Eine genetische Determination („Homosexualität als *Schicksal*") kann aber wissenschaftlich nicht begründet werden. – In der Zwillingsforschung fehlt jeder Beleg für eine genetische Fixierung von Homosexualität. Wäre diese durch die Erbanlagen determiniert, dann müßten Menschen, deren Erbgut identisch ist, auch sexuell identisch empfinden. Dies ist nicht der Fall.

– Dean Hamer, der „Entdecker" des angeblichen Schwulen-Gens, formuliert selber sehr zurückhaltend: „Unsere Forschung *deutet* an, daß Schwulsein *bis zu einem gewissen Grad* auf einer genetischen Veranlagung beruht. Wir können *nur spekulieren,* was das Gen macht."

– Eine monokausale Ableitung von menschlichem Verhalten ist unseriös. Abgesehen von ganz einfachen Merkmalen wie der Augenfarbe, für die einzelne Gene verantwortlich sind, spielen bekanntermaßen schon bei der Körpergröße mehrere Gene *und* die Umwelt eine Rolle. Für ein dermaßen komplexes und empirisch ja auch höchst individuelles und unterschiedliches Verhalten, wie es die sexuelle Ausrichtung von Menschen darstellt, ist mit einem Bündel von Faktoren in Veranlagung, Umwelt und Hormonen zu rechnen.

In vielen Fällen kommt dem Erbgut nicht mehr als die Rolle einer Verhaltens*disposition* zu, die in der Interaktion mit der Umwelt auf sehr verschiedene Weise realisiert werden kann. Die Entdeckung einer genetischen Basis (übrigens nicht eines einzelnen, isolierten Gens, sondern eines bestimmten lokalisierten Bereichs auf einem Chromosom!) liegt im Rahmen dieser differenzierten, komplexen Sicht des Menschen.

– Es bestehen grundlegende methodologische Zweifel am Ergebnis. Die Lokalisierung der Gen-Region (Xq 28) ließ sich nur bei 33 der 40 homosexuellen Probanden nachweisen. Schon das wäre Anlaß, eine genetische Determination in Frage zu stellen. Zudem hat Hamer auf das methodologisch gebotene experimentum crucis verzichtet und ist der Frage gar nicht erst nachgegangen, ob nicht auch Heterosexuelle den entsprechenden genetischen Marker tragen.

## 6. Seelsorgerliche Perspektive

Zielpunkt der Überlegungen muß die Frage sein, wie homosexuellen Menschen vor dem Hintergrund der dargestellten Einsichten zu begegnen ist.

a) Es ist streng zu unterscheiden zwischen dem biblisch begründet abzulehnenden Phänomen Homosexualität einerseits und dem homosexuellen Menschen andererseits. In der Gemeinde der Schwachen und Defizienten, in der Gemeinschaft der gerechtfertigten Sünder ist selbstverständlich auch Raum für den Homosexuellen, für ihn wie für jeden anderen Sünder. Es ist darum um des Evangeliums willen streng zu unterscheiden zwischen Ablehnung von Homosexualität und der Ausgrenzung eines homosexuellen Menschen. Wer Homosexualität als unbiblisch verwirft, verurteilt damit nicht den homosexuellen Menschen. Gegenüber dem Vorwurf der Diskriminierung, mit dem heute nahezu alles und jedes Verhalten gerechtfertigt wird, ist auf einer fundamentalen Unterscheidung zu bestehen: Die Gemeinde Jesu Christi grenzt keinen *Menschen* aus, der das Evangelium von der Rechtfertigung der Gottlosen für sich in Anspruch nimmt, - wohl aber nicht evangeliumsgemäße *Verhaltensweisen.* Sie diskriminiert keinen Sünder, aber inkrimiert - das ist ihre Aufgabe! - die Sünde(n).

b) Es ist zu unterscheiden zwischen homosexueller *Neigung,* Empfindung und Orientierung einerseits und der homosexuellen *Praxis* andererseits. Verwerflich ist allein letztere. Es gibt eine große Zahl von seelsorgerlichen Erfahrungen, die Mut machen, zum Verzicht auf homosexuelle Vollzüge aufzufordern und sich anders, enthaltsam zu orientieren.

Christliche Ethik weiß ja auch auf anderen Verhaltensfeldern um die Möglichkeit des Verzichtes auf sexuelle Betätigung (etwa bei Ehelosigkeit; im Zölibat etc.).

c) Es ist zu unterscheiden zwischen dem homosexuellen *Vollzug* einerseits und seiner *Bewertung* andererseits. Es gibt in der Gemeinde Jesu auch sonst Sünde: Handeln wider den erklärten Willen Gottes. Problematisch und nicht akzeptabel ist es, wenn das schuldhafte Vergehen zur Norm bzw. Verhaltensmöglichkeit wird; wenn es schon deshalb „in Ordnung" ist, nur weil es geschieht, und wenn Kirche sich dann bemüßigt fühlt, solche Verhaltensweisen auch noch zu segnen. Mit dem Argument, man dürfe niemandem den Segen Gottes vorenthalten, wird der Segen des lebendigen und heiligen Gottes in blasphemischer Weise auf etwas gelegt, was Gott ein Greuel ist. Insofern verbieten sich auch Verfahrensweisen, auf eine öffentliche Segnung zu verzichten, dafür aber privatim Gottes Segen zuzusprechen. Gott *kann* nicht gutheißen, was seinem guten Willen für den Menschen und die menschliche Gemeinschaft widerspricht.

d) Von der Mehrzahl der Fachleute wird Homosexualität heute als eine psychosexuelle Verirrung betrachtet. Wie Untersuchungen in permissiven Gesellschaften zeigen, leidet der Betroffene auch dann unter seiner Homophilie, wenn er keiner gesellschaftlichen Diskriminierung ausgesetzt ist.

Eine ganze Reihe von christlichen Seelsorgern und Psychotherapeuten berichten von einer großen Zahl von Heilungen homosexueller Prägungen. Voraussetzung solcher Heilung ist der Wille des Betroffenen zur Änderung seines Verhaltens und Lebens. Voraussetzung dieses Willens zur Umkehr ist die Einsicht in die Problematik und Schuldhaftigkeit seines Tuns. Unter seelsorgerlichem Aspekt ist es darum gleichermaßen wichtig,

– daß Menschen mit homosexueller Prägung einerseits nicht ausgegrenzt, sondern im Gegenteil und in bewußter Korrektur schuldhafter Kirchengeschichte „eingemeindet" werden;

– daß andererseits eine Heilung nicht dadurch behindert oder gar verhindert wird, daß eine kirchliche Anerkennung homosexueller als gleichberechtigter Lebensform den Willen zur Veränderung schwächt.

Solche Hoffnung auf Heilung steht unter der Verheißung, daß bei Gott Veränderung möglich ist. So kommt Homosexualität schon bei Paulus als überwundenes und mithin korrigierbares Phänomen in den Blick: „Und solche sind manche von euch *gewesen*!" (1.Kor 6,11)

## 7. Was ist Kirche?

Die Frage nach der Legitimität von Homosexualität ist nicht die Kernfrage von Kirche. Aber an diesem Streit läßt sich diese Frage zuspitzen: Wollen wir noch Kirche in der Sendung Jesu Christi sein, und welchen Kriterien, Werten und Orientierungen sind wir verpflichtet? Die Kernfragen lauten: Was ist Kirche? Welche Kirche wollen wir? Wer ist der Herr der Kirche? Wenn denn das Zeugnis der Heiligen Schrift eindeutig ist und nicht relativiert werden kann, dann sind kirchliche Entscheidungen zur Frage der Homosexualität insofern ein Testfall für das Kirche-Sein unserer Landeskirchen, als in ihnen dann ebenfalls zur Entscheidung ansteht, ob die Bibel noch verbindliche Grundlage für Glauben und Leben ist, ob wir mithin noch Kirche der Reformation sind.

### *Literaturhinweise*

G.J.M. van den Aardweg: Das Drama des gewöhnlichen Homosexuellen, Neuhausen ²1992;

H. Hartfeld: Homosexualität im Kontext von Bibel, Theologie und Seelsorge, Wuppertal 1991 (Lit.!);

Homosexuelle Liebe. Arbeitspapier für rheinische Gemeinden und Kirchenkreise, Düsseldorf 1992;

B. Ritter: Homosexuelle Menschen in unserer Kirche, Neukirchen-Vluyn 1993;

Schwul geboren? Gen für Homosexualität entdeckt, DER SPIEGEL Nr. 30, 26. Juli 1993, 168–177;

V. Sommer: Wider die Natur? Homosexualität und Evolution, München 1990;
G. Strecker: Homosexualität in biblischer Sicht, in: KuD 28. Jg. (1982), 127–141;
R. Werner (Hrsg.): Homosexualität und Seelsorge, Moers 1993;
Ch. Weymayr: Gibt es ein Gen, das schwul macht, in: DIE ZEIT Nr. 30, 23. Juli 1993, 23.

# Ethische und anthropologische Aspekte der Homosexualität[1]

Ulrich Eibach

Die homosexuelle Lebensweise ist in vielen Landeskirchen Gegenstand von Beratungen und Auseinandersetzungen geworden. Dies ist im Zusammenhang mit dem Wandel allgemeiner normativer Wertvorstellungen in unserer Gesellschaft, der Pluralisierung und Individualisierung von Normen und Werten – vor allem derjenigen, die das Privatleben betreffen – zu sehen.[2] Dem entspricht, daß auch homosexuell lebende Menschen sich immer mehr öffentlich zu ihrer Lebensweise bekennen und sich mit dem Ziel organisieren, in der Gesellschaft und in der Kirche volle Anerkennung und Gleichberechtigung zu erlangen.[3] Deshalb wird – nicht zuletzt auf Betreiben der Ökumenischen Arbeitsgruppe „Homosexuelle und Kirche" (HUK) – in der Kirche jetzt auch über eine kirchliche Segnung homosexuell lebender Menschen sowie ihre Zulassung zum Pfarramt diskutiert. Das macht eine grundsätzliche Klärung der Einstellung der

[1] Der Beitrag ist eine überarbeitete Fassung einer Stellungnahme, die der Verfasser im Auftrag der Ev. Landeskirche in Württemberg erarbeitet hat. Für die beratende Mitwirkung danke ich meiner Frau, Dr. med. Angelika Eibach-Bialas, Ärztin für Kinder- und Jugendpsychiatrie, Psychotherapie, Psychoanalyse.

[2] Vgl. U. Eibach, Der Wandel moralischer Werte – Eine Herausforderung für die Kirchen, in: KuD 40 (1994), S. 80ff.

[3] Manche emanzipatorischen homosexuellen Gruppen verweisen darauf, daß es wichtig sei, die moralische Gleichstellung in den Kirchen zu erstreiten, um über diesen Weg leichter eine staatlich abgesicherte rechtliche Gleichstellung (z.B. mit der Ehe, Adoptionsrecht u.a.) zu erreichen.

Kirchen zu homosexuellen Lebensweisen und damit auch zur Sexualität überhaupt notwendig, da die homosexuelle Lebensweise nur im Zusammenhang mit der heterosexuellen Lebensweise theologisch-ethisch beurteilt werden kann. Nicht verschwiegen werden sollte, daß die bei homosexuell lebenden Männern aufgrund ihres promisken Lebensstils verbreitete HIV-Problematik (AIDS) mit ein Grund für die kirchliche und öffentliche Diskussion ist. Auf diesem Hintergrund kommt der Gestalt homosexueller Lebensweisen ein besonderes Gewicht zu. Die gängige Behauptung, daß der promiske Lebensstil und sonstige – z.B. psychische – Schwierigkeiten homosexueller Menschen überwiegend oder ausschließlich aus ihrer gesellschaftlichen Diskriminierung resultieren, weckt bei vielen ein – teils berechtigtes – Schuldgefühl gegenüber homosexuellen Menschen. In den weitaus meisten Kulturen werden homosexuell lebende Menschen aus verschiedenen, durchaus nicht nur religiösen Gründen unterdrückt. Auch in der Geschichte des Abendlandes[4] ging die Diskriminierung homosexuell lebender Menschen über eine moralische und rechtliche Verurteilung hinaus bis zu ihrer Ermordung im „Dritten Reich“. Es ist ein wichtiges Anliegen, daß die christlichen Gemeinden einer solchen Ächtung homosexueller Menschen und ihrer sozialen Isolierung in und außerhalb der Gemeinden entgegentreten. Emanzipatorische homosexuelle Gruppierungen und durch sie beeinflußte Glieder der Kirchen meinen, eine Diskriminierung sei nur wirklich zu verhindern, wenn ho-

[4] Vgl. die Beiträge von G. Bleibtreu-Ehrenberg, M. Bruns, G. Grau, in: B. Kittelberg / W. Schürger / W. Heilig-Achneck (Hrsg.), Was auf dem Spiel steht. Diskussionsbeiträge zu Homosexualität und Kirche, München 1993, S. 12ff; ferner: D. Faßnacht, in: Handbuch der christlichen Ethik, hrsg. A. Hertz u.a., Bd. 2, Freiburg u.a. 1978, S. 182ff; D.S. Bailey, Homosexuality and the Western Christian tradition, Hamdon/ Conn. 1955.

mosexuell lebende Menschen nicht nur toleriert, sondern die homosexuellen Lebensformen als mit den heterosexuellen gleichberechtigt und gleichwertig akzeptiert werden.[5] Befürworter einer kirchlichen Segnung homosexueller Beziehungen und der Zulassung homosexuell lebender Theologinnen und Theologen zum Pfarramt übernehmen diese Behauptung und verbinden damit wenigstens die grundsätzliche theologische Anerkennung als gleichberechtigte Lebensform der Geschlechter, die in und mit der Segnung als solche bestätigt wird. Es besteht aber die Frage, ob dies wirklich der einzige gangbare und theologisch überzeugende Weg ist, den unberechtigten Benachteiligungen oder der Diskriminierung homosexueller Menschen entgegenzutreten. Die Entscheidung in dieser Frage ist nicht möglich, ehe nicht geklärt ist, ob die Gleichstellung der gleichgeschlechtlichen mit der verschiedengeschlechtlichen Liebe und Partnerschaft theologisch begründet ist. Deshalb wenden wir uns zunächst dieser Frage zu und erst dann dem Problem, wie wir mit homosexuell lebenden Menschen in und außerhalb der christlichen Gemeinden umgehen, ohne sie als Menschen zu benachteiligen oder gar zu verachten.

## A. Humanwissenschaftliche Aspekte in ihrer Bedeutung für die theologisch-ethische Urteilsbildung

Befürworter einer Gleichstellung von homosexuellen und heterosexuellen Beziehungen und Partnerschaften berufen sich nicht zuletzt auf angeblich gesicherte neue Erkenntnis-

[5] Vgl. z.B. M. Bruns, Toleriert, aber nicht akzeptiert, in: Kittelberger u.a., 43ff; G. Grau (Hg.), Und diese Liebe auch. Theologische und humanwissenschaftliche Einsichten zur Homosexualität, Berlin 1989.

se von Humanwissenschaftlern und nehmen sie zum Ausgangspunkt und zur Grundlage theologisch-ethischer Urteilsfindung. Das heißt nicht selten, daß man diese Erkenntnisse und die in ihnen implizierten ethischen Normen nachträglich theologisch-ethisch legitimiert, sie aber nicht aus einer theologisch-ethischen Urteilsbildung erst gewinnt.[6] Doch auch dann müssen theologisch-ethische Aussagen zu humanwissenschaftlichen Aussagen in Beziehung gesetzt werden. Das setzt jedoch voraus, daß letztere zunächst einmal auf die in ihnen enthaltenen Wertentscheidungen hin kritisch untersucht und diejenigen Punkte in ihnen ermittelt werden, die für eine normative ethische Aussage entscheidend sind.

Für die theologische Beurteilung ist sowohl die Entstehung der Homosexualität wie das seelische Empfinden homosexueller Menschen und ihre Lebensweise von Bedeutung. Das wird nicht von allen so geteilt. So sind viele homosexuell lebende Menschen der Meinung, daß die Frage nach der Genese von homosexuellem Empfinden und Verhalten, über die ohnehin keine gesicherten Erkenntnisse vorliegen, nebensächlich sei, daß man vielmehr nur von der Tatsache ausgehen solle, daß ein Mensch sich als homosexuell empfindender und lebender Mensch vorfindet und diese Lebensweise als die ihm entsprechende erkennt. Damit ist bereits eine Vorentscheidung in die Richtung gefällt, daß homosexuelles Verhalten nicht an einer bestimmten Norm von sexuellem Verhalten bewertet werden darf. Die Ausblendung der Normfrage ist aufs engste mit der Ausblendung der Ursachenfrage verbunden.

[6] Dies ist m.E. im Arbeitspapier der Landessynode 1992 der Ev. Kirche im Rheinland (Düsseldorf) der Fall. Der entscheidende Satz findet sich in der Einleitung zu den Ausführungen über Erkenntnisse der Humanwissenschaften, vgl. unten Anm. 13.

## *1. Zur Genese homosexueller Lebensweisen*

In der öffentlichen und kirchlichen Diskussion wird der Frage nach der Entstehung von homosexuellem Verhalten dennoch ein großes Gewicht beigelegt, entweder in der Absicht zu erweisen, daß es eine anlagebedingte, also ererbte Homosexualität gibt, die ein ebenso unausweichliches und unveränderbares Schicksal sei wie die heterosexuelle Lebensweise, oder daß homosexuelles Empfinden und Verhalten im Laufe der frühen Kindheit bis zur Pubertätszeit geprägt und erlernt wird und deshalb auch mehr oder weniger veränderbar und in gewisser Weise auch der willentlichen Beeinflussung zugängig sei. Die verschiedenen Sichtweisen sind eine Widerspiegelung des Streits verschiedener psychologischer Schulen, gewinnen aber insofern in der kirchlichen Diskussion eine Bedeutung, als sich mit der These von der biologisch-genetischen Anlagebedingtheit oft die problematische Gleichsetzung mit „natürlich", im Sinne von „in der Schöpfung Gottes angelegt" und „von Gott gewollt und geschaffen", verbindet[7] und zugleich die Abkehr von der Einstufung der homosexuellen Lebensweise als Sünde oder auch als Krankheit. Die Einstufung homosexuellen Verhaltens als Sünde, im Sinne von schuldhaftem Verhalten, scheint nur möglich, wenn das Moment der – wenn auch eingeschränkten – Freiheit in der Wahl dieser Lebensform nicht ganz ausgelöscht ist. Ebenso hängt die Einstufung homosexueller Veranlagung als „Krankheit" davon ab, ob sie das Leben von allem Anfang an als biologi-

[7] So z.B. H.G. Wiedemann, Homosexuelle Liebe, Stuttgart 1982, 45ff. Der Sprachgebrauch im Arbeitspapier der Ev. Kirche i. Rhld. ist verwirrend, insofern eine „Naturveranlagung" nur der Bedingungsrahmen einer Gnadengabe sein soll, der aber doch eine vom Schöpfer verliehene Möglichkeit ist (S. 52f), mithin von Gott gesetzte Gabe ist.

sche Größe determiniert oder ob es eine Entwicklung und Prägung in diese Richtung gibt, die von einer normalen Entwicklung abweicht und gegebenenfalls korrigierbar ist.

Es ist wissenschaftlich äußerst strittig, inwieweit komplexe Verhaltensweisen wie die Ausprägung der Sexualität genetisch festgelegt sind. Wenn überhaupt, so spielt die genetische Seite nur eine unterschiedlich disponierende Rolle bei der Ausprägung homosexueller Lebensformen. Dem entspricht, daß es viel weniger Menschen gibt, die ausschließlich homosexuell leben (bei Männern in unserer Kultur ca. 4%, Frauen ca. 2%), als Menschen, die zu beiderlei Geschlecht sexuelle Beziehungen pflegen, und zwar dauernd oder phasenweise oder abwechselnd (Bisexualität; genannt werden bis zu 20%). Trotz der Strittigkeit psychologischer Theorien kann nicht bezweifelt werden, daß es erworbene und erlernte Homosexualität gibt.[8] Immer mehr wird erkannt, daß homosexuelle Lebensweisen – insbesondere bei Frauen – bei nicht wenigen ihren entscheidenden Grund in der Erfahrung des sexuellen Mißbrauchs in der Kindheit haben. Freilich können sich auch erlernte und erworbene Formen von Homosexualität zu einer kaum abänderbaren Verhaltensweise ausprägen. Dennoch sollte nicht der Anschein erweckt werden, Homosexualität sei überwiegend ein angeborenes und deshalb unabänderliches Schicksal, das man als naturgegeben hinnehmen müsse.

Selbst wenn es eine genetische Disposition für homose-

[8] Vgl. W. Müller, Homosexualität – eine Herausforderung für Theologen und Seelsorger, Mainz 1986, 19ff (Lit.); G.J.M. van den Aardweg, Das Drama des gewöhnlichen Homosexuellen, Neuhausen-Stuttgart ²1992 (Lit.); M. Ruse, Homosexuality. A Philosophical Inquiry, New York N.Y. 1988; A. Bell/M. Weinberg/S. Hammersmith, Der Kinsey-Institut Report über sexuelle Orientierung und Partnerwahl, Reinbeck 1984.

xuelles und bisexuelles Verhalten geben sollte, lassen sich diese disponierenden Hintergründe nicht von später erworbenen und erlernten Verhaltensweisen unterscheiden. Die postulierte Anlagebedingtheit kann also selbst dann, wenn es sie gibt, kein überzeugender Ansatzpunkt für eine theologisch-ethische Urteilsbildung wie auch für die praktische Seelsorge sein.[9] Das kann aber nicht zugleich bedeuten – wie Vertreter von homosexuellen Organisationen behaupten –, daß die Frage nach der Genese überhaupt für eine ethische Beurteilung irrelevant sei. Es komme vielmehr nur darauf an, wie der Mensch sich in der jeweiligen Phase des Lebens in seinen sexuellen Neigungen geprägt vorfinde, so daß diese Neigungen allein die Norm des für ihn richtigen Verhaltens seien.

Hat man diese, insbesondere von humanistischen Psychologiekonzepten geforderte individualistische „Neigungsmoral"[10] erst einmal akzeptiert und mißt individuelles

[9] Da es keine wissenschaftlich objektivierbaren Kriterien der Unterscheidung der verschiedenen Formen der Homosexualität gibt, ist die behauptete Anlagebedingtheit – die vielleicht auch für die Bisexualität zutrifft – seelsorgerlich irrelevant. Der Seelsorger kann letztlich nur die Selbsteinschätzung des Menschen übernehmen. Folgerichtig haben selbst Kreissynoden (z.B. des Kirchenkreises „An Sieg und Rhein") auch die Anerkennung der Bisexualität als christlich mögliche Form der Sexualität gefordert. Der Seelsorger und Therapeut kann freilich die behauptete Anlagebedingtheit und Unabänderlichkeit homo- und bisexueller Lebensformen auch hinterfragen und dem Menschen verdeutlichen, daß diese Selbsteinschätzung auch falsch sein kann. Damit bezöge er einen normativen Standpunkt. Vgl. van den Aardweg, a.a.O. passim; B. Ritter, Eine andere Art zu lieben? Zum Thema Kirche und Homosexualität, Gießen/Basel 1993; H. Hartfeld, Homosexualität im Kontext der Bibel, Theologie und Seelsorge, Wuppertal/Zürich 1991, 162ff.

[10] Vgl. Eibach (Anm. 2); zum entsprechenden Umschwung in der Bewertung der Homosexualität vgl. W. Müller, a.a.O. 55ff., U. Beck/E. Beck-Gernsheim, Das ganz normale Chaos der Liebe, Frankfurt 1990.

Verhalten nicht mehr an einem übergreifenden Normbegriff, dann muß jeder Versuch, einen Menschen in eine Richtung zu lenken, die nicht seinen vorherrschenden Neigungen entspricht, als unerlaubte Manipulation eingestuft werden. Wenn die Neigungen aber nicht so eindeutig festgelegt sind, wie es die Hypothese von der Anlagebedingtheit vorgibt, so können solche Versuche nicht als Vergewaltigung des einzelnen abgetan werden. Entsprechend wurden und werden von Vertretern verschiedenster psychotherapeutischer Schulen nach wie vor Behandlungen mit dem Ziel unternommen, Menschen zu einer heterosexuellen Orientierung zu verhelfen. Daß es mit und ohne solche Therapien zu einer sexuellen Umorientierung gekommen ist[11], kann nicht ernsthaft bestritten werden, doch behaupten Kritiker, daß solche Veränderungen der Beweis seien, daß es sich nicht um eine anlagebedingte Homosexualität gehandelt habe. Zwar ist die Logik dieses Zirkelschlusses offensichtlich, aber sie ist kein Beweis seiner Richtigkeit. Übereinstimmung herrscht bei Therapeuten, die eine Veränderung für möglich halten, darin, daß ohne Leidensdruck und einen daraus resultierenden ernsthaften Willen, eine Neuorientierung zu versuchen, ein die ganze Persönlichkeit langsam erfassender tiefgreifender und dauerhafter Prozeß der Veränderung nicht möglich ist. Dabei wird zu Recht davon ausgegangen, daß homosexuell lebende Menschen nicht nur an der sozialen Wertung der Homosexualität, sondern an dem Phänomen an sich leiden. Beachtet werden sollte auch – nicht zuletzt für die Erziehung –, daß selbst genetische Dispositionen von Gefühlen und Verhalten in der Pubertäts- und Jugendzeit eine große Plastizität zeigen,

[11] Vgl. W. Müller, 43ff.; M. van den Aardweg (Lit.). J. Nicolosi, Reparative Therapy of Male Homosexuality, Northvale, N.J./London 1991.

so daß es einerseits möglich ist, daß sich homosexuelle Neigungen durch homosexuelles Verhalten verfestigen, andererseits aber homosexuelle Neigungen auch so zu beeinflussen sind, daß eine Orientierung zum anderen Geschlecht hin möglich wird. Dennoch kann nicht ernsthaft behauptet werden, daß allen homosexuell geprägten Menschen die Tür zu einer Veränderung offen steht. Der Therapie wie erst recht der Seelsorge sind hier deutliche Grenzen gesetzt.[12]

### 2. *Homosexualität – eine mit der heterosexuellen Lebensweise gleichwertige Variante der einen vielgestaltigen Sexualität oder eine eindeutige Abweichung von der Norm sexuellen Verhaltens?*

Im Arbeitspapier der Ev. Kirche im Rheinland „Homosexuelle Liebe“ hat man sich die Thesen von Sexualwissenschaftlern zu eigen gemacht, die die neue individualistische Sicht vertreten. „Heterosexualität und Homosexualität sind verschiedene Ausprägungen der einen vielgestaltigen menschlichen Sexualität. Alle Menschen haben Persönlichkeitsanteile homosexueller und heterosexueller Art. Das Verhältnis der Anteile ist graduell verschieden.“[13] Darin ist zugleich die Aussage impliziert, einzige Norm für sexuelles Verhalten

[12] Vgl. R. Werner, Homosexualität - ein Schicksal?, Moers 1988; ders. (Hrsg.), Homosexualität und Seelsorge, Moers 1993, 11ff; L. Payne, Das zerbrochene Bild, Kehl/Rhein 1987; A. Comsiskey, Unterwegs zur Ganzheitlichkeit. Hilfen für Menschen mit homosexuellen Empfindungen, Seelsorger und Berater, Wiesbaden 1993; B. Ritter, a.a.O. (Anm. 9); v. Aardweg, a.a.O. (Anm. 8); J. Nicolosi, a.a.O. (Anm. 11); kritisch M. Müller, a.a.O. 43ff; ders., Homosexuelle Menschen, Mainz 1988, 26ff.

[13] A.a.O. (Anm. 6), 33. Die These ist in deutlicher Anlehnung an die Ausführungen des homosexuellen Sexualpädagogen H. Kentler verfaßt. Vgl. ders. (Hrsg.), Die Menschlichkeit der Sexualität, München

seien die jeweils vom Individuum verspürten sexuellen Neigungen. Im Hintergrund steht die von S. Freud für die psychosexuelle Entwicklung herausgestellte, aber nach wie vor von bekannten Verhaltensforschern (wie I. von Eibl-Eibesfeldt[14] u.a.) bestrittene These einer am Anfang der Lebensentwicklung bestehenden Bisexualität. Freud hat daraus jedoch nicht gefolgert, daß es keine Norm für eine gesunde psychosexuelle Entwicklung gibt, daß homosexuelles Empfinden und Verhalten mit heterosexuellem Verhalten gleichwertig sei, sondern er vertrat entschieden die Ansicht, daß eine gelungene sexuelle Entwicklung zur Heterosexualität führe, homosexuelles Verhalten also Symptom für eine nicht gelungene Entwicklung, eine Abweichung von der Norm, mithin Ausdruck seelischer Störung und keineswegs eine gleichwertige Variante einer menschlichen Sexualität sei. Freud sah die psychosexuelle Entwicklung im Zusammenhang mit der anatomisch-physiologischen Entwicklung und löste sie nicht von dieser ab.

Der Zoologe A. Kinsey verzichtete als erster auf ein Theoriekonzept, das die Heterosexualität zur biologischen und kulturellen Norm erhebt.[15] Er unterschied zwischen einer auf die Erzeugung von Nachwuchs ausgerichteten Anatomie und Physiologie und der psychischen Richtung sexuellen Verhaltens, die ihr Ziel im Orgasmus, also dem maximalen Erleben von Lust habe. Jeder orientiere sich sexuell dahin, wo seine Neigung nach Lust am meisten befriedigt

1983, S. 41.55; ders., Sexualität und Homosexualität, in: HuK, Farbe bekennen. Ein Projekt für Ihre Gemeinde, Köln ³1992, 22ff.

[14] Die Biologie des menschlichen Verhaltens. Grundriß der Humanethologie, München/Zürich 1984, 325ff; zu Freud vgl. W. Müller, a.a.O. (Anm. 8), 21ff.; zur Sicht der Schule C.G. Jungs vgl. P. Schellenbaum, Homosexualität im Mann, Olten 1991.

[15] Vgl. W. Müller, a.a.O. (Anm. 8), 29ff.

werden kann. Und Kinsey wies darauf hin, daß bei homosexuell lebenden Menschen die Zahl der Orgasmen statistisch höher als bei heterosexuell lebenden Menschen sei. Kinsey setzt also die Orgasmusfähigkeit bzw. -häufigkeit als Norm für gelungenes sexuelles Verhalten. Diese verengte Sicht von Sexualität wird heute erweitert, indem man Sexualität als Körpersprache und Mittel der Kommunikation versteht[16], durch die der Mensch Beziehungen herstellt, die ihn in seinem über den Orgasmus hinausgehenden Glücksbedürfnis befriedigen. Man löst diese Dimension der Sexualität aber von der Fortpflanzung ab und sieht in dieser Befreiung von der Fortpflanzung das spezifisch Menschliche. Man definiert das Menschliche in der Unterscheidung und Absetzung vom angeblich bloß „Tierischen“ bzw. „Natürlichen“ und suggeriert damit, daß die Menschlichkeit in dem Maße in Erscheinung trete, wie der Mensch das Natürliche hinter sich läßt, sich von ihm befreit, eine Auffassung, die in der Tradition des Idealismus gerade in der protestantischen Theologie - auch in Absetzung zur katholischen Lehre - verbreitet war und ist.[17] Damit wird aber keinesfalls eine wertungsfreie Sicht von Sexualität vertreten, sondern eine neue Norm gesetzt, nämlich die, daß die Befriedigung individueller Bedürfnisse nach Glück die einzige Norm für die Beurteilung von Sexualität sein soll. Daraus folgt die von H. Kentler[18] so formulierte neue Norm, daß Heterosexualität und Homosexualität nur „alternative Stilbildungen bei der Ausformung eines persönlichkeitstypischen Sexuallebens“, verschiedene „Dialekte“ derselben Körpersprache „Sexuali-

[16] Vgl. z.B. H. Kentler, a.a.O. (Anm. 13).
[17] Vgl. U. Eibach, Evangelische Ethik und das „Natürliche“, ThBeitr 18, 1987, 230ff.
[18] Die Menschlichkeit der Sexualität (Anm. 13), 55.

tät“ sind. Sinngemäß ist das natürlich auch von der Bisexualität zu sagen. Man kann auf dem Hintergrund der Hypothese von der Bisexualität sogar soweit gehen, daß Menschen, die ihre vorhandenen homosexuellen Tendenzen nicht wahrnehmen oder sie unterdrücken, sich einer Bereicherung ihrer Körpersprache und Möglichkeiten der Glückserfüllung unnötigerweise berauben.

Die völlige Abkoppelung der Sexualität von der Fortpflanzung zieht ihre Loslösung von einer entscheidenden biologischen und *sozialen* Funktion von Sexualität nach sich. Sexualität schließt nicht mehr die Dimension von Nachwuchs und damit – auf der menschlichen Ebene – die Ehe und die Familie ein. Es kann nicht bestritten werden, daß bei allgemeinbiologischer Betrachtung alle anderen Funktionen der Sexualität der Fortpflanzung ein- und untergeordnet sind, daß bei höheren Tieren die Lust dazu da ist, die Kopulation sicherzustellen. Sofern scheinbar homosexuelle Verhaltensweisen bei in Freiheit lebenden Tieren beobachtet werden, sind sie keine echten homosexuellen Verhaltensweisen, sondern dienen der Herstellung der Rangordnung heterosexueller Tiere und damit der Festlegung, welches Tier bei der Begattung den Vorrang hat. Bei biologischer Betrachtung bleibt Homosexualität eine eindeutige Abweichung von der biologischen Norm.[19] Wenn man dies beim Menschen negiert und Homosexualität als eine gleichwertige Variante der einen Sexualität ausgibt, so hat das zur Voraussetzung, daß man die Sexualität von der biologischen und sozialen Seite, der Fortpflanzung und Fa-

[19] Das ist gegen eine populäre Darstellung wie die von V. Sommer (Wider die Natur? Homosexualität und Evolution, München 1990) zu sagen, der den evolutionären Sinn der Homosexualität aufzeigen möchte; vgl. dgg. Anm. 14.

milie abkoppelt und aus der vielgestaltigen Sexualität nur *ein* Moment als entscheidend und menschlich herausgreift, nämlich Sexualität als Mittel zur Befriedigung des individuellen Bedürfnisses nach Glück.

Unbestreitbar hat die menschliche Sexualität eine gegenüber dem Tier viel weitergehende Selbständigkeit von der Dimension der Fortpflanzung, so daß man mit Recht vom Vorrang der spezifisch menschlichen Dimension vor der Fortpflanzung reden kann; doch besagt das noch lange nicht, daß man diese Sicht der Sexualität bei einer sexualethischen Betrachtung übergehen und daraufhin die Homosexualität mit der Heterosexualität auf eine Stufe stellen darf. Dies ist eine Wertentscheidung, die sich zumindest von einer Rückbindung an das, was „natürlich" ist, loslöst. Sie ist keineswegs eine gesicherte humanwissenschaftliche Erkenntnis, sondern eine eindeutige Wertung.

### 3. *Zur Lebensweise homosexueller Menschen – Gleichwertigkeit?*

Die Behauptung der Gleichrangigkeit von heterosexuellen und homosexuellen Lebensweisen bezieht sich nicht nur auf die Genese einer Veranlagung, sondern auch auf die Lebensweise homosexueller Menschen. Es gibt nicht „die Homosexualität", vielmehr gibt es zahlreiche Ursachen, Varianten und Ausprägungen homosexuellen Lebens. Der Prozentsatz derer, deren Interesse sich auf Kinder gleichen Geschlechts ausrichtet, wird mit 5% und mehr angegeben. 45% und mehr haben ausschließlich oder überwiegend mit Jugendlichen etwa von der Pubertät an bis zum zwanzigsten Lebensjahr Kontakte. Daraus folgt, daß die etwa 25% homosexuellen Menschen ohne sozio-sexuelle Kontakte überwiegend ältere Menschen sind. Homosexuelle neigen entschieden mehr als Heterosexuelle zum Partnerwechsel. Etwa 75 % der männlichen Homosexuellen haben im Laufe des Lebens 100 bis weit über 500 Partner.[20] Stabile eheähnliche Dauerpartnerschaften sind – insbesondere bei Männern – sehr selten.[21] Eine Partnerschaft schließt sexuelle Nebenkontakte zu anderen Partnern meist nicht aus. H. Kentler[22] erklärt das wie folgt: „Der Homosexuelle kann eine Luststeigerung erreichen, indem er sich sexuelle Akte und damit das Fusionserlebnis nicht nur mit einem, sondern mit vielen Partnern verschafft – der Heterosexuelle hingegen empfindet um so größere Befriedigung, je polarer die Gegensätze zwischen ihm und dem Partner sind. Daraus folgt, daß der Homosexuelle eine Neigung zur Promiskuität hat." Und der homosexuelle Sexologe M. Dannecker[23] räumt ein, daß das Reden von Dauerpartnerschaften eine Sache der Anfangsphase des Ringens um Emanzipation sei, zur Natur des homosexuellen Menschen gehöre die Promiskuität. Von daher ist es verständlich, daß Vetreter der HUK[24] auch die Aufteilung „zwischen braven, gesellschaftlich angepaßten, unauffälligen, monogamen Homosexuellen einerseits und . . . unangepaßten und promisken Homosexuellen anderer-

[20] Angaben nach R. Wille, Homosexualität, in: EKL 3. Aufl. 1989, Bd. 2, 560f unter Bezug auf M. Dannecker / R. Reiche, Der gewöhnliche Homosexuelle, Reinbek 1974; A. Bell / M.S. Weinberg, Der Kinsey Institut Report über weibliche u. männliche Homosexualität, München 1978; vgl. B. Ritter, a.a.O. (Anm. 9), 9ff.

[21] Vgl. Dannecker/Reiche; W. Müller, a.a.O. (Anm. 8), 129ff; Ritter, 26ff. Ein Grund dafür könnte sein, daß männliche Sexualität eine starke Machtkomponente hat und daß es deshalb häufig zu Konflikten kommt.

[22] A.a.O. (Anm. 13), 55.

[23] Zit. nach B. Ritter, Homosexuelle Menschen in der Kirche, Neukirchen-Vluyn 1993, 13; vgl. Bell/Weinberg, a.a.O. (Anm. 20), 100.

[24] Die folgenden Zitate sind entnommen aus dem Beitrag von H. Engel, Vielfalt ist Gewinn, in: HuK (Anm. 13), 39ff.

seits“ als diskriminierend empfinden und die volle Akzeptanz eines promisken und eines bisexuellen Lebensstils auch in der Kirche fordern. Monogamie und eheliche Treue seien angesichts der statistischen Realitäten über das Sexualverhalten nur noch Ideale und Ausdruck einer Doppelmoral. „Lesbische und schwule Sexualität ist genauso wie heterosexuelle Sexualität mehr und vielgestaltiger als die auf Dauer angelegte Partnerschaft, in welcher Sexualität nur mit einem einzigen Partner gelebt wird.“ „Ehe ist nur noch eine unter vielen Möglichkeiten . . ., anderen ein Gefährte oder eine Gefährtin zu sein“ auf einer Wegstrecke des Lebens, ja die Ehe hat nach H. Kentler[25] nicht zuletzt ihren Grund in der starken Neigung des Heterosexuellen, „seine Liebe einer Besitzideologie zu unterstellen“. Es wird also der Anschein erweckt, das eigentlich „Krankhafte“, nämlich nicht in seiner Fülle gelebte sexuelle Leben, sei das monogame Leben heterosexueller Menschen.

Die überwiegende Zahl der Humanwissenschaftler der psychoanalytischen wie auch anderer Schulrichtungen halten auch aufgrund der tatsächlichen Lebensweise homosexueller Menschen daran fest, daß Homosexualität Symptom einer nicht gelungenen psychosexuellen Entwicklung ist, geben also einen *Normbegriff*, der sich am Heterosexuellen orientiert, nicht auf. Selbst Psychoanalytiker, die wie F. Morgenthaler[26] meinen, daß die Homosexualität für den einzelnen Menschen die bestmögliche Lösung eines gegebenen Kindheitskonflikts darstellen kann und für diesen daher keinesfalls pathologisch sei, bestreiten aber nicht, daß dieses Symptom sexueller Entwicklung bei einer vergleichenden Betrachtung als pathologisch eingestuft werden

[25] Die Menschlichkeit . . . (Anm. 13), 55f.
[26] Homosexualität, Heterosexualität, Perversion, Frankfurt 1987, 86ff.

kann. Morgenthaler selbst sieht in der Homosexualität das frühkindliche Bedürfnis nach Autonomie durch die Überbesetzung autoerotischer Aktivitäten befriedigt und dauerhaft geworden, mit anderen Worten in der Liebe des Partners aus dem eigenen Geschlecht eine Überwertigkeit der Selbstliebe. Damit könnte zusammenhängen, daß Beziehungen häufig wechseln oder gleichzeitig verschiedene Beziehungen bestehen.

Häufig begegnet man der Behauptung, daß homosexuelle Menschen keinesfalls an ihrer Homosexualität und ihren unmittelbaren psychischen Folgen (etwa überhöhter Druck, ständig körperlich akttraktiv zu sein; Leiden am häufigen Zerbrechen von Beziehungen; an der Kinderlosigkeit u.a.), sondern nur an der gesellschaftlichen Wertung der Homosexualität leiden.[27] Nur Menschen, die nicht homosexuell, sondern bisexuell empfinden und leben, würden an ihrer Homosexualität leiden können. Die zunehmende Akzeptanz homosexueller Lebensweise in vielen Ländern bestätigt diese These nicht.

So ist es auch aufgrund einer allgemeinen Betrachtung der Lebensweise homosexueller Menschen berechtigt, daran festzuhalten, daß es sich um eine deutliche Abweichung von einer psychosexuellen Norm und nicht bloß um eine gleichwertige Variante der einen Sexualität handelt. Entsprechend gibt es in fast allen psychotherapeutischen Schu-

[27] Vgl. dgg. B. Ritter, a.a.O. (Anm. 9), 37ff; J. Nicolosi, a.a.O. (Anm. 11); van den Aardweg, a.a.O. (Anm. 8) (Lit.). Selbst W. Müller (Homosexuelle Menschen, S. 63), der im wesentlichen die neohumanistische Sicht der Homosexualität übernimmt, kommt nicht umhin zu konstatieren: „So zu tun, als wäre das nicht auch eine Realität oder die zusätzlichen Schwierigkeiten *nur* auf die negativen Einstellungen der Gesellschaft gegenüber homosexuellen Menschen zurückzuführen . . ., ist unredlich, vor allem auch gegenüber den betroffenen homosexuellen Menschen."

len Therapeuten, die homosexuell empfindende Menschen mit dem Ziel behandeln, ihnen eine heterosexuelle Ausrichtung zu ermöglichen.[28] Dies besagt nicht, daß Homosexualität eine Krankheit ist, wenn wir unter Krankheit eine Abweichung von einer biologischen und psychischen Norm verstehen, mit der zugleich ein subjektives Leiden verbunden ist. Dies muß keinesfalls bei allen Menschen gegeben sein. Würden wir die Homosexualität als gleichrangige Variante der einen Sexualität einstufen, so müßten wir dies auch bei der Bisexualität entsprechend tun, und dann wäre es sowohl biologisch wie auch sozial gleich, in welche Richtung Sexualität sich entwickelt. Es gäbe kein normatives Leitbild mehr, auf das hin die Erziehung auszurichten ist.[29] Auch für die große Gruppe der bisexuell empfindenden Menschen gäbe es keinen Grund, ihre zur Pubertätszeit noch nicht fest geprägten Neigungen zur Homosexualität in Richtung auf eine Heterosexualität – etwa durch eine Therapie – zu lenken, sie nicht auch in Richtung homosexueller Praxis zu bestätigen. Implizit sehen sich die Kirchen durch die neuartige Sicht der Homosexualität als gleichberechtigte Variante der einen vielgestaltigen Sexualität dazu herausgefordert, zu entscheiden, ob sie die Heterosexualität und mit ihr auch die heterosexuelle Ehe, die für eine Ausweitung zur Familie prinzipiell offen ist, als Norm und Leitbild preisgeben wollen.

[28] Vgl. Lit. Anm. 11.

[29] Vgl. dazu auch R. Weth, Erziehung zur Homosexualität?, in: Schritte (Magazin für Christen), 1993, Heft 3, 31ff. Die Infragestellung der Heterosexualität als normatives Leitbild der Erziehung ist auch Grundlage der Forderung nach einem Adoptionsrecht für homosexuelle Partner, denn es steht außer Zweifel, daß dadurch eine Prägung zur Homosexualität stattfindet, die auf dieser Basis gerechtfertigt erscheint.

## B. Theologisch-ethische Gesichtspunkte

### *1. Zur biblischen Wertung homosexuellen Verhaltens*

In der kirchlichen Auseinandersetzung geht es nicht zuletzt auch um das rechte Verständnis der Heiligen Schrift und die Geltung ihrer ethischen Weisungen in der Gegenwart. Homosexuelles Verhalten wird im Alten und Neuen Testament eindeutig abgelehnt. Das versucht man mit der strittigen Behauptung zu relativieren, daß nicht das homosexuelle Verhalten an sich, sondern nur der Götzendienst verworfen werde, da im vorderorientalischen und antiken Umfeld homosexuelle Handlungen oft in Fruchtbarkeitskulte eingeordnet gewesen seien.[30] Die Ablehnung jeglichen homosexuellen Verhaltens im Alten Testament wird jedoch in erster Linie im Zusammenhang mit der Hochschätzung der Familie zu sehen sein, so daß geschlechtlicher Umgang auf die Erzeugung von Nachkommenschaft ausgerichtet sein soll (Gen 1,28).[31] Weil im jüdischen Umfeld Homosexualität kein umstrittenes Thema war, wird sie im Neuen Testament nur im paulinischen Schrifttum erwähnt. Das Christentum breitete sich in die griechisch-heidnische Umwelt aus, in der Homosexualität eine verbreitete Praxis war, nicht zuletzt in der Gestalt der Knabenliebe. In 1Kor 6,9–10, 1Tim 1,10 und Röm 1,25ff wird Homosexualität im Rahmen von Lasterkatalogen erwähnt, in denen keinesfalls nur kultisch-religiöse heidnische Praktiken, sondern überwiegend moralische Laster verworfen werden. Allerdings ist die Homosexualität hier nur ein Kennzeichen unter anderem für die „unehren-

[30] Zur Kritik vgl. den Beitrag von K. Haacker in diesem Heft.

[31] Vgl. G. Strecker, Homosexualität in biblischer Sicht, in: KuD 28 (1982), 127ff, bes. 132; H. Balz, Biblische Aussagen zur Homosexualität, in: ZEE 31 (1987), 60ff.

haften" (schändlichen) heidnischen „Leidenschaften", von denen sich die abkehren, die zum Glauben an Christus gefunden haben (1Kor 6,11). Daraus kann man folgern, daß Paulus homosexuelles Verhalten nicht als unabänderliches Schicksal versteht. Ein herausgehobenes Symptom heidnischer, Gott mißfallender Lebensweisen stellen homosexuelle Lebensformen nach Röm 1,26f dar. Homosexualität ist sichtbarer Ausdruck des Abfalls des Menschen von Gott, der Verkehrung der von Gott gewollten ursprünglichen Ordnung der Schöpfung und zugleich Strafe für diesen Abfall (Röm 1,18ff). Die Begriffe „natürlich" und „widernatürlich" haben hier eine weit über die stoische Auffassung von „gemäß der Natur leben" (vgl. 1Kor 11,2f) hinausgehende grundlegende Bedeutung.[32] Das heißt nicht, daß nicht auch die heterosexuelle Beziehung in den Sog der Sünde hineingerissen werden kann. Aber Paulus käme nicht auf den Gedanken, in der homosexuellen Lebensweise eine mit der Ehe gleichwertige Gestalt des sexuellen Lebens zu sehen. Wenn Paulus in 1Kor 7 neben der heterosexuellen Lebensweise in der Ehe die Ehelosigkeit und die Enthaltsamkeit um des Reiches Gottes willen als Begabung (Charisma) von Christen herausstellt und damit auch die Ehe relativiert, so kann daraus schwerlich gefolgert werden, daß Paulus auch die homosexuelle Lebensweise als eine solche Begabung oder Berufung verstanden haben könnte. Das hieße, Paulus gegen seine eindeutigen Aussagen interpretieren. Die Ehe gilt Paulus „als schöpfungsmäßige Ordnung und wirksamer

[32] Sollte die Interpretation von K. Haacker zutreffen, wonach mit dem „widernatürlichen" Sexualverkehr von Frauen nicht die lesbische Liebe, sondern die „Sodomie" gemeint ist, dann besagt das nicht, daß die Bibel die „lesbische Liebe", die in der ganzen Antike „totgeschwiegen" wird, moralisch billigt, sondern eher, daß sie wie die männliche Homosexualität moralisch ausgeschlossen ist.

Wall und Damm gegen die dämonische Macht der Unzucht und den Einbruch des Bösen".[33] Zwar ist die Schöpfungstheologie nicht der Gesamthorizont paulinischer Theologie, mithin die „Natur" und ihre Ordnung nicht – wie in der Stoa – eine letztverbindliche ethische Größe, aber doch eine kritische Mitte zwischen der Verweltlichung und der Entweltlichung des christlichen Lebens.[34] In diesem Sinne hat D. Bonhoeffer[35] gesagt, daß das „Natürliche die von Gott der gefallenen Welt erhaltene Gestalt des Lebens" ist, die mit Ehrfurcht zu behandeln ist und die „die Bewahrung des Lebens vor dem Unnatürlichen" darstelle. Für Paulus und Jesus ist es also nicht so, daß wir – weil die ursprüngliche Schöpfung und ihre Ordnung uns nicht mehr vor Augen liegen – überhaupt nicht mehr um Ordnungen wüßten, die dem bleibenden Schöpfungswillen Gottes entsprechen. Das eigentliche Problem sieht Paulus mit Jesus (Mk 10,3ff) nicht im Nichtwissen um den Willen Gottes, sondern darin, daß der Mensch diesem Wissen in seinem Tun nicht entspricht.

Wenn der Mensch sehr wohl weiß, daß die heterosexuelle Lebensform, die Ehe zwischen Frau und Mann (Gen 1,27; 2,24; Mk 10,6) die der Schöpfung Gottes gemäße Ordnung ist, er aber einer ihr widersprechenden sexuellen Lebensform nachgeht, dann stellt sich die Frage, ob dieses Nichttun in einem Nichtwollen oder in einem Nichtkönnen oder in einer Mischform von beidem gründet. Das paulinische (und das johanneische) Sündenverständnis übersteigt moralische Kategorien: die Sünde ist eine Macht, die Menschen

[33] W. Schrage, Ethik des Neuen Testaments, Göttingen 1982, 194.
[34] Vgl. Schrage, ebd. 193ff; weiter H. Ringeling, Homosexualität, in: ZEE 31 (1987) 7ff; bes. 15ff.
[35] Ethik, 7. Aufl. München 1969, 154ff; vgl. Eibach a.a.O. (Anm. 17).

beherrscht, ja knechtet, sie ist keine moralische Kategorie, die auf einer Theorie vom freien Willen aufbaut und diesen zur Voraussetzung hat. So erscheint Sünde einerseits als Schicksal und Verhängnis, das auf den Menschen lastet und sie unfrei macht, und andererseits doch auch als etwas, was jeder einzelne immer wieder gegen besseres Wissen vollzieht, indem er das sündige Verhängnis durch seine Tat bestätigt. Augustinus und Luther haben dafür den Begriff „Konkupiszenz“ gebraucht, in dem bei aller Übermacht des Unwillentlichen im Kern doch auch das Willentliche und damit die Verantwortung für das sündige Tun festgehalten wird.[36] Auch wenn der Mensch sich nicht aus seinen Bindungen selbst befreien kann, bleibt doch das Wissen, daß diese nicht dem Willen Gottes entsprechen, daß er anders handeln sollte, daß er in seinem Tun im Widerspruch zu seiner göttlichen Bestimmung lebt. Wenn gemäß dieser paulinischen Sicht Homosexualität als Symptom der Grundsünde betrachtet wird, so heißt das nicht, daß der Homosexualität eine freie Wahl der Lebensform zugrundeliegt, die der einzelne aus eigener Kraft hinter sich lassen kann, aber auch nicht, daß sie, weil sie als Verhängnis oder Anlage auf einem Menschen lastet, ebenso wie die heterosexuelle Lebensform und die Ehe dem Schöpfungswillen Gottes entspricht.

Wenn das Verständnis von Sünde, das in Röm 1 vorausgesetzt wird, nicht ein moralisches ist, dann sollte daraus keine moralische Disqualifikation homosexueller *Menschen* abgeleitet werden, aber auch nicht der Schluß gezogen werden, daß eine anlagebedingte (konstitutionelle) homosexuelle oder bisexuelle Lebensform eine gleichrangige Variante in den verschiedenen Ausprägungen sexuellen Verhaltens

[36] Vgl. U. Eibach, Seelische Krankheit und christlicher Glaube, Neukirchen-Vluyn 1992, 120ff.

ist. Die Tatsache, daß etwas als vorfindliche, vielleicht sogar genetisch bedingte und tatsächlich unabänderliche Gegebenheit da ist, besagt nicht, daß es von Gott als eine Struktur des Lebens bejaht und gewollt ist. Die homosexuelle Lebensform ist für Paulus unabhängig von ihrer Genese und ihrer möglichen oder unmöglichen Unveränderbarkeit „widernatürlich", steht im Widerspruch zur geschöpflichen Bestimmung des Menschen, als Frau und Mann zu leben (vgl. Mk 10,6). Mit diesem Urteil befindet sich Paulus in Übereinstimmung mit der jüdischen Hochschätzung von Ehe und Familie und der Ablehnung der Homosexualität im Alten Testament und im Judentum. Das Kriterium der „Widernatürlichkeit", im Sinne „von der Schöpfung Gottes widersprechend", trifft nach Paulus also keineswegs erst bei der Bisexualität oder Transsexualität oder gar erst bei eindeutigen sexuellen Perversionen oder der egoistischen schändlichen Ausbeutung von Sexualität (Prostitution u.a.) zu.

## 2. *Systematisch-theologische Überlegungen*

Das Natürliche im Sinne dessen, was der von Gott gesetzten Ordnung der Schöpfung entspricht, läßt sich auch nach Paulus nicht einfach an der vorfindlichen Natur und dem Naturgewordenen ablesen. Ein solcher „naturalistischer Fehlschluß" liegt aber vor, wenn man alles, was „natürlich" geworden ist, als Gottes Schöpfung betrachtet. Die meisten Krankheiten sind natürlich geworden, und manche sind eindeutig genetisch bedingt, und doch wäre es eine die Grenze des theologisch Begründbaren überschreitende Behauptung zu sagen, alle erblichen Krankheiten seien von Gott gewollt, eine Behinderung sei die von Gott einem Menschen zugedachte Daseinsform. Eine solche Gleichsetzung der „Natur" mit dem Werk Gottes, der Schöpfung, ist theologisch illegitim, denn sie leugnet, daß uns in der „Natur" nicht nur die von Gott gewollte Schöpfung, sondern auch das die Schöpfung zerrüttende Übel begegnet, die Natur also „gefallene Schöpfung" ist. Es führt zu theologisch absurden Folgerungen, wenn man alles, was natürlicherweise wird, auf Gott als „Verursacher" zurückführt.[37] Das gilt es auch in bezug auf die Sexualität zu beachten, und es würde wahrscheinlich auch geltend gemacht, wenn man sexuelle Perversionen (etwa Sadomasochismus) in Blick nähme, die ebenso wie die eindeutige Homosexualität „anlagebedingt" sein können. Die mögliche „Anlagebedingtheit" von Homosexualität sagt mithin nichts darüber aus, ob Homosexualität nach Gottes Willen auch sein soll und wie sie ethisch und theologisch zu beurteilen ist.

Wenn die heterosexuelle Lebensform und die Ehe als schöpfungsgemäße (Gen 1,27; 2,24) und dem Willen Gottes gemäße Lebensform dargestellt wird, so hat das nicht nur Anhalt am Wortlaut der Bibel. Sicher kann man für das Alte Testament feststellen, daß es die Ehe in erster Linie als „Vermehrungsordnung" betrachtet, so daß sich der Segen[38] Gottes für die Ehe insbesondere auf die Fruchtbarkeit der Ehe, das Kind als sichtbaren Ausdruck der Lebensgemeinschaft von Mann und Frau bezieht (Gen 1,28; 12,2 u.ö.). Doch gibt es schon dort (Hosea 1f; Maleachi 2,10f; Spr 2,17) und insbesondere im Neuen Testament (Eph 5,21ff) Aussagen, die die monogame Ehe implizieren und die den Sinn der Ehe in der dauerhaften liebenden Gemeinschaft der

[37] Vgl. U. Eibach, Der leidende Mensch vor Gott, Neukirchen-Vluyn 1991, 23ff; 69ff; zur Unterscheidung von Krankheit und Person vgl. U. Eibach, Medizin und Menschenwürde, Wuppertal $^{4}$1993, 83ff.

[38] Vgl. C. Westermann, Der Segen in der Bibel und im Handeln der Kirche, Stuttgart 1981.

Partner an sich sehen, die darin in Entsprechung zum Bund Gottes mit den Menschen, der liebenden Treue Gottes, leben sollen. Zu den konstitutiven Signaturen der Ehe gehört also die gegenseitige Liebe, der Bund zwischen Mann und Frau (Eph 5,2ff), der sich in der Treue auf Dauer (Maleachi 2,10f; Spr 2,17; Mk 10,6ff) und der Sorge füreinander bewährt. Dies kann aber nicht bedeuten, daß diese theologische und personale Sicht der ehelichen Beziehung die „naturhafte" Dimension der Fortpflanzung auflöst, sondern nur, daß sie sie aufnimmt und entscheidend vertieft. Erst der vom Idealismus geprägte Protestantismus meinte, daß das Sittliche das Naturhafte hinter sich lassen solle und in dem Maße sittlich sei, wie es sich von der Natur befreit.[39] Indem man die Homosexualität als mit der Heterosexualität gleichrangige Variante sexueller Lebensformen bezeichnet, löst man die Sexualität von ihrer biologischen und damit auch von der das individuelle Leben übergreifenden sozialen Seite ab, so daß die Sexualität in unverbundene Dimensionen zerfällt, statt daß die biologische Dimension in die personale Beziehung und die soziale Dimension integriert wird. Dann bliebe auch deutlich, daß die Sexualität nicht von der daseinssichernden Institution der Familie losgekoppelt werden darf[40] und nur die psychische Dimension der Sexualität als Lusterfüllung und die personale Symbolik der Sexualität als Kommunikation als menschliche Formen der Sexualität hingestellt werden dürfen. Das besagt nicht, daß jeder sexuelle Akt für Nachwuchs offen zu sein hat; denn es geht bei der Bereitschaft zur Fortpflanzung nicht – wie in der katholischen Morallehre – um die „Natürlichkeit" des Sexualakts, sondern vielmehr um die soziale Di-

[39] Vgl. Eibach, a.a.O. (Anm. 17).
[40] Vgl. H. Ringeling, Homosexualität, in: ZEE 31 (1987), 82ff bes. 88ff.

mension des Nachwuchses, die Familie, die Erziehung von Kindern usw., die freilich aufs engste mit der biologischen Dimension verklammert und von ihr abhängig ist. Dieser Zusammenhang wird auch dann aufgelöst, wenn man für homosexuelle Paare das Adoptionsrecht fordert[41], so daß sie die soziale Dimension der Sexualität wahrnehmen können. Das würde aber zugleich eine Prägung der Kinder in Richtung Homosexualität mitbedingen und so den eindeutigen Vorrang der Heterosexualität vor der Homosexualität und Bisexualität in der Erziehung in Frage stellen.[42]

In der neueren evangelischen Ethik wurde zu Recht immer eine bewußte Entscheidung gegen Nachwuchs ohne triftige Gründe als theologisch und ethisch nicht vertretbar abgelehnt[43], ein Urteil, das heute um so mehr sein Recht erhält, weil in einer zunehmenden „Single-Kultur“ Familien mit mehreren Kindern die Last der biologischen, sozialen und ökonomischen Daseinssicherung auch für die tragen, die sich bewußt gegen Kinder entscheiden. Indem die Ehe sich zur Familie weitet, weitet sich die biologische Dimension der Fruchtbarkeit zur sozialen Dimension der gesamtmenschlichen Daseinssicherung, wird die Ehe über eine Privatangelegenheit hinaus zu einer gesellschaftlichen Größe. Diese wesentliche soziale Funktion kann die homosexuelle Lebensgemeinschaft nicht erbringen. Die Kirche spricht

[41] So etwa im Beschluß der Kreissynode „An Sieg und Rhein“ (Ev. Kirche i. Rhld.).

[42] Zu Recht weist R. Weth (a.a.O. Anm. 29, S. 32) darauf hin, daß, wenn Homo- und Bisexualität ethisch gleichrangige Formen der einen Sexualität sind und jeder seine sexuellen Lebensformen selbst bestimmen darf und soll, „neben die bisherige Erziehung zu humaner Sexualität in heterosexueller Partnerschaft gleichberechtigt die Erziehung zu homosexuellen und bisexuellen Lebensformen“ tritt. Er fordert von der Kirche ein klares Nein zur Homosexualität als Erziehungsziel.

[43] EKD-Denkschrift zu Fragen der Sexualität, Gütersloh 1971, Nr. 43.

der Ehe daher zu Recht den Segen Gottes zu, sofern und soweit sie nicht nur mit dem Versprechen der Treue auf Dauer und zur Verantwortung und Sorge füreinander, sondern auch mit der prinzipiellen Bereitschaft zur Weitergabe des Lebens an Kinder eingegangen wird. Diese prinzipielle Bereitschaft besteht auch dann, wenn eine Ehe ungewollt kinderlos bleiben muß. Partnerschaftliche Liebe, Sexualität, Fortpflanzung, Aufzucht und Erziehung von Kindern sollen also nicht aufgespalten werden, sondern in den Institutionen Ehe und Familie grundsätzlich miteinander verbunden sein. Dieser für eine Familie offenen Ehe gilt der Segen Gottes. Von dieser ganzheitlichen Sicht der Sexualität her, in der die biologische, die psychische (z.B. Lusterfüllung), die personale (z.B. Kommunikation) und die soziale (z.B. Daseinssicherung) Dimension der Sexualität zu einer Ganzheit integriert sind, ist homosexuelles Verhalten zumindest als eine deutliche Abweichung von oder Störung der von Gott gewollten Ordnung des Lebens der Geschlechter und Homosexualität als eine abnorme Prägung einzustufen. So gesehen ist es undenkbar, Homosexualität oder gar Bisexualität als gleichwertige Alternativen zur Heterosexualität und zur Ehe zu betrachten. Selbst wenn eine homosexuelle Lebensgemeinschaft auf Dauer ausgerichtet ist, Sexualität also nicht nur zur eigenen Beglückung gewollt wird, sondern die dauerhafte Verantwortung und Sorge füreinander einschließt, kann sie diese Gleichwertigkeit mit der für eine Familie offenen Ehe nicht beanspruchen.

Wie die Angaben über die Lebensweise homosexueller Menschen zeigen, sind dauerhafte Beziehungen sehr selten und die Promiskuität – nach den Aussagen homosexueller Sexualwissenschaftler (wie Kentler, Dannecker u.a.) – die dem homosexuell empfindenden Menschen angemessene Lebensweise. Nimmt man die Erkenntnisse von Psychoanalytikern wie F. Morgenthaler[44] hinzu, wonach in der Liebe zum Partner des eigenen Geschlechts - verbunden mit einem häufigen Partnerwechsel - die Überwertigkeit der Selbstliebe sich manifestiert, so wird man den Aussagen K. Barths[45] nicht ganz widersprechen können, wonach der homosexuell lebende Mensch den Mitmenschen verfehlt, indem er seine Bestimmung zur Beziehung mit dem wirklich „anderen", dem Partner des anderen Geschlechts verfehlt. In der Polarität der Geschlechter und in der Liebe zum anderen Geschlecht erfüllt und bewährt sich die Bestimmung des Menschen, der Liebe und Treue Gottes zum Menschen auf menschlicher Ebene zu entsprechen.

## *3. Folgerungen für das kirchliche Handeln*

a) Kirchliche Handlungen, die eine Gleichrangigkeit homosexueller Lebensformen mit heterosexuellen Beziehungen und der Ehe und damit ihre Bestätigung als schöpfungsgemäße Ordnung Gottes oder gottgewollte Berufung implizieren, können nicht in Frage kommen.[46] Dazu gehö-

[44] Vgl. Anm. 26.

[45] Kirchliche Dogmatik III/4, Zürich 1957, 184ff. Der Gedanke, daß der Mensch seine Bestimmung nur in der polaren Beziehung zum Ungleichen erfüllt, findet sich mit Bezug auf die Sexualität bereits bei Platon (vgl. K.J. Dover, Homosexualität in der griechischen Antike, München 1983, 138), er ist in der Romantik, wie auch bei Hegel leitend, im Christlichen aber vertieft durch die Vorstellung vom Bund Gottes mit den Menschen und die Menschwerdung Gottes.

[46] In diese Richtung gehen die Voten vieler ev. Ethiker; vgl. Ringeling (a.a.O., Anm. 40), T. Rendtorff (Homosexualität, in: Handbuch der christl. Ethik, Gütersloh u.a., 2. Aufl. 1993, S. 177ff., bes. 183), M. Honecker (Kirche und Homosexualität, ein theologischer Beitrag im Auftrag des Männerwerks der Ev. Kirche i. Rhld., Düsseldorf 1994, S. 8). Am schärfsten ablehnend äußert sich W. Pannenberg (Kann die Liebe Sünde sein?, in: idea Spektrum 48/1993, 13f): Eine „Kirche, die sich dazu drängen ließe, homosexuelle Betätigung nicht mehr als Abweichung

ren alle der Trauung ähnlichen Handlungen. Es stellt keine Lösung des Problems dar, wenn man eine Segenshandlung nicht als öffentliche Handlung, sondern nur im Privatbereich vornimmt. Auch dies kommt einer trauungsähnlichen Handlung und einer Bestätigung homosexueller Lebensweisen als gottgewollte Ordnung oder Bestimmung des Lebens der Geschlechter gleich.[47]

b) Es muß in der kirchlichen Lehre und im Unterricht klar zum Ausdruck kommen, daß Homosexualität und erst recht Bisexualität – in der die Sexualität noch mehr als in der Homosexualität in ihre verschiedenen Dimensionen aufgespalten wird – keineswegs mit der Heterosexualität gleichrangige Formen der Sexualität darstellen, und daß es deshalb nicht gleichgültig ist, welche Gestalt die Sexualität annimmt. Die Heterosexualität hat also eindeutiges Leitbild aller Sexualerziehung zu sein und Menschen, die in ihrer sexuellen Orientierung noch schwankend sind, sollten eindeutig zur Orientierung in Richtung Heterosexualität (z.B. durch Seelsorge und Psychotherapie) ermuntert werden. Es sollten also alle Möglichkeiten ausgeschöpft werden, insbesondere durch Vorbeugung und Therapie, Menschen vor homosexuellen Prägungen und Lebensweisen zu bewahren. Deshalb ist auch ein Adoptionsrecht für homosexuelle Paare abzulehnen.[48]

von der biblischen Norm zu behandeln und homosexuelle Lebensgemeinschaften als eine Form persönlicher Liebesgemeinschaft neben der Ehe anzuerkennen, eine solche Kirche stünde nicht mehr auf dem Boden der Schrift, sondern im Gegensatz zu deren einmütigem Zeugnis ... hätte darum aufgehört, evangelische Kirche in der Nachfolge der lutherischen Reformation zu sein."

47 Gesegnet wird dabei – wie bei einer Trauung – nicht in erster Linie der einzelne Mensch, sondern die Beziehung von Menschen.

48 Vgl. Anm. 29, 41, 42. Es ist eine gängige Praxis (auch in kirchlichen Beratungsstellen), selbst Jugendliche, die an ihrer homosexuellen Nei-

c) Es ist zu fragen, ob das Leitbild der heterosexuellen, auf Ehe und Familie ausgerichteten Sexualität nicht dadurch in Frage gestellt wird, daß die Kirche homosexuell veranlagten Pfarrerinnen und Pfarrern gestattet, mit ihren Partnern zusammenzuleben, und homosexuelle Beziehungen damit direkt oder indirekt als gleichwertige Alternativen zur Ehe billigt. Ist die Kirche nicht aufgerufen, von ihren homosexuell veranlagten Pfarrerinnen und Pfarrern zu erwarten, daß sie zölibatär leben?[49] Wenn sie das erwartet, hat sie auch die Pflicht, sich darüber so klar zu äußern, daß dies bei der Wahl des Berufes berücksichtigt werden muß.[50]

## 4. *Theologische Orientierungen für den Umgang mit homosexuell lebenden Menschen innerhalb der Kirchen*

Die dargelegte theologisch-ethische Position wird von vielen homosexuell lebenden Menschen als moralische Disqualifikation angesehen, die nur dadurch überwunden werden könne, daß man die homosexuelle Lebensweise als gleichrangige Alternative zur Heterosexualität betrachtet.[51]

gung leiden und eine andere Ausrichtung ihrer Sexualität ersehnen, lediglich zur Bejahung ihrer Homosexualität zu ermuntern.

49 Vgl. Anm. 53.

50 Wenn diese Bedingung eingehalten wird, kann der Ausschluß homosexuell praktizierender Menschen vom Pfarramt nicht als eine mit dem Evangelium unvereinbare Benachteiligung hingestellt werden. Der Hinweis, daß dann für Pfarrerinnen und Pfarrer eine andere Moral gelte als für normale Gemeindeglieder, ist nicht schon deshalb falsch, weil er katholisch anmutet, denn auch nach evangelischer Sicht sollen sie Vorbilder sein.

51 Diese Position homosexueller Gruppen (wie die HuK) wird von vielen Theologen (vgl. z.B. M. Josuttis, Begründungsnotstand, in: Kittelberger u.a., a.a.O. Anm. 3, 307ff) und in Äußerungen von Kreis- und Landessynoden übernommen (z.B. Ev. Kirche i. Rhld.).

Ähnliches beanspruchen bisexuell lebende Menschen für ihre Lebensweise.

Um die moralische Ächtung homosexuell lebender Menschen zu überwinden und doch die Homosexualität selbst nicht als gottgewollte und mit der Heterosexualität gleichwertige Veranlagung auszugeben, ist es hilfreich, sich auf die biblisch-reformatorische Fundamentalunterscheidung von *Person* und *Werk* zu besinnen.[52] Auch wenn die Sexualität ein wesentliches Moment des Menschseins und vor allem des menschlichen Verhaltens ausmacht, ist der Mensch selbst hinsichtlich seines Verhaltens nicht nur und nicht in erster Linie durch seine Sexualität definiert. Die Unterscheidung von Person und Werk (Verhalten) verbietet den Rückschluß von dem Wert und der moralischen Qualität einer

[52] Nach R. Stuhlmann, Superintendent des Kirchenkreises „An Sieg und Rhein" und maßgeblicher Verfasser des rheinischen Arbeitspapiers, gehört die Unterscheidung von Person und Werk ins Gefängnis, sei dort hilfreich, Mördern zu begegnen (Wider die Arroganz der Ehepaare, in: EvKo 1993, 433f). H. Kreß (Würde bewahren, in: EvKo 1994, 91ff) meint, die „Achtung vor der ganzheitlichen individuellen Identität, von der die Sexualität nicht abgespalten werden darf, droht unterlaufen zu werden, wenn von seiten evangelischer Ethik (Ulrich Eibach) in Vorschlag gebracht wird, im Blick auf den homosexuellen Menschen zwischen Bejahung der ‚Person' einerseits und dem moralisch zu kritisierenden sexuellen Verhalten als ‚Werk' zu unterscheiden. Dieser Vorschlag könnte verhängnisvollen Schuldzuweisungen an homosexuelle Menschen erneut Vorschub leisten." Kreß, der die These von der Anlagebedingtheit und einer dementsprechend zur Identität des Menschen gehörenden Homosexualität unkritisch übernimmt, gibt damit die Heterosexualität als Normbegriff auf. Dann muß man aber auch andere sexuelle Abweichungen, wie die Bisexualität, die Transsexualität und auch perverse Formen von Sexualität, die ebenso konstitutionell und unabänderlich sein können, als zur Identität des Menschen gehörend betrachten. Zu Recht betont W. Pannenberg (a.a.O., Anm. 46), daß die Kirche „die Unterscheidung zwischen Norm und dem davon abweichenden Verhalten" auch bei der Homosexualität nicht aufgeben kann. Ähnlich die Anm. 46 genannten Autoren.

*Verhaltensweise* auf die Würde und den Wert der *Person,* die nicht in den Fähigkeiten und dem Verhalten des Menschen, sondern in Gottes annehmender und vergebender Liebe und Zuwendung gründen.

Auch in bezug auf eine ererbte Behinderung gilt, daß ich einerseits nicht behaupten kann, daß diese von Gott gewollt und geschaffen ist und für diesen Menschen gut ist, daß es uns andererseits aber verboten ist, von dem möglichen „Unwert" oder „Minderwert" dieser Behinderung auf den Wert der Person rückzuschließen. Ebensowenig dürfen wir von der Bewertung einer sündigen Handlung aus eine Verurteilung des Sünders als Person vornehmen.

Wenn wir das Bejahtsein eines Menschen als „Person" davon abhängig machen, wie sein konkretes Leben moralisch zu bewerten ist, dann kann es in der Tat vom Verhalten her zu einer Disqualifikation der Person, ja zu einer Bestreitung ihrer Menschenwürde und ihres Lebensrechts kommen. Andererseits darf mit der Bejahung der Person nicht zugleich jedes Verhalten als „gut" und „von Gott gewollt" eingestuft werden. Ja, es ist – mit Dietrich Bonhoeffer – festzuhalten, daß diese Bejahung der Person durch Gott und Menschen durchaus nicht eine konkrete moralische Bewertung des Verhaltens in gute und bessere, schlechte und schlechtere und verwerfliche Handlungen und Verhaltensweisen ausschließt. Eine unterschiedliche moralische Bewertung ist aus biblisch-reformatorischer Sicht auch für das weite Spektrum hetero- wie homosexueller Lebensformen geboten, ohne daß damit eine Disqualifikation homosexuell lebender Menschen als Person verbunden werden darf. Eine Bejahung der Person schließt nicht notwendig eine Bejahung ihrer gesamten Lebensführung ein.

Wenn es Menschen wirklich nicht möglich ist, ihre homosexuellen Prägungen zu verändern – gleich ob sie aufgrund genetischer Dispositionen entstanden sind oder in der Sozialisation erworben wurden, – so stellt sich die Frage, wie die homosexuellen Neigungen gelebt werden sollen und dürfen. Es kann – auch ohne die bestehende AIDS-Problematik – nicht gleichgültig sein, wie eine nicht veränderbare homosexuelle Veranlagung oder Prägung gelebt wird. Gerade wenn der Weg der sexuellen Enthaltsamkeit nicht gangbar wird[53], kann das christliche Verständnis von Ehe eine entscheidende Orientierung liefern. Wenn eine homosexuell liebende, nicht in erster Linie auf sexuelle Befriedigung ausgerichtete Partnerschaft mit dem klaren Versprechen der Treue auf die Dauer des Lebens eingegangen und mit dieser eindeutigen Zielsetzung in der Verantwortung und Sorge füreinander gelebt wird, erfüllt diese Partnerschaft wesentliche – wenn auch nicht alle – Momente des christlichen Eheverständnisses. Eine solche Lebensform ist theologisch anders zu beurteilen als wechselnde homosexuelle oder gar gleichzeitig homo- und heterosexuelle Kontakte. Dennoch ist sie nicht mit der Institution „Ehe“ auf eine Stufe zu stellen.

In der ethischen Bewertung ist es nötig, das weite Spektrum homosexueller Lebensformen unterschiedlich und gesondert zu beurteilen und sich dabei nicht auf die Hypothe-

[53] Die Unterscheidung zwischen homosexueller Neigung (bzw. Prägung) und praktizierter Homosexualität, wie sie nicht nur von der katholischen Kirche (Schreiben der Kongregation für Glaubenslehre an die Bischöfe der kath. Kirche über die Seelsorge für homosexuelle Menschen, hrsg. vom Sekretariat der Dtsch. Bischofskonferenz, Bonn 1986), sondern auch von ev. Theologen festgehalten wird, ist durchaus berechtigt, da auch eine unabänderliche Neigung nicht notwendig in entsprechendem Verhalten gelebt werden muß. Die kath. Schrift setzt zwischen Neigung und geschlechtlichem Verhalten allerdings ein zu hohes Maß an Freiheit für jedermann (vgl. Nr. 11), die Neigung anderweitig zu sublimieren.

se einer ererbten Anlage festzulegen. Auf dem Hintergrund des Gesagten ist klar, daß bisexuelle Lebensformen diesen Kriterien einer christlich verantwortbaren Lebensweise grundsätzlich nicht zu entsprechen vermögen, auch dann nicht, wenn Menschen tatsächlich unabänderlich so geprägt sind.[54] Viele homosexuell lebende Menschen sehen in der Orientierung ihres Geschlechtslebens an der monogamen Ehe eine ihrer promisken Veranlagung widersprechende ethische Forderung, nicht nur eine Diskriminierung ihres ihnen gemäßen promisken sexuellen Lebensstils, sondern auch eine Diskriminierung ihrer Person, ihrer Freiheit, den sexuellen Lebensstil gemäß ihren Neigungen selbst zu bestimmen. Sie verbinden dies nicht selten mit einem Angriff auf das angeblich überholte, nur als bürgerliche Erfindung eingestufte und scheinheilige Institut der Ehe, das patriarchalischem Besitzstreben entspringe.[55] Der Verdacht drängt sich auf, daß über die Forderung nach kirchlicher Gleichbehandlung und Segnung homosexueller (und vielleicht auch bisexueller) Lebensweisen die Institution „Ehe“ und „Familie“ als Leitnorm des Zusammenlebens der Geschlechter in Frage gestellt und einer weitestgehenden Individualisierung des Sexuallebens das Wort geredet werden sollen, gemäß der jeder nach seinen Neigungen leben soll, und daß über

[54] Es ist ertaunlich, daß entsprechend den Forderungen emanzipatorischer Gruppen in vielen Voten von Theologen und Synoden (z.B. Kreissynode „An Sieg und Rhein“) bereits – wie selbstverständlich – davon ausgegangen wird, daß auch eine bisexuelle Veranlagung aus christlicher Verantwortung gelebt werden kann. Daß damit der permanente Ehebruch sanktioniert wird, wird teils damit abgetan, daß Ehe und eheliche Treue ohnehin durch die Realität überholt und Ausdruck einer Doppelmoral seien (vgl. HUK, a.a.O. Anm. 13, S. 40ff). Dabei verkennt man völlig die Tragödien, die sich in vielen Beziehungen bisexueller Art abspielen.

[55] Vgl. Teil I,3, Anm. 24f.

diesen Weg das Ziel einer rechtlichen Gleichstellung mit der Ehe näher rücken soll.[56] Solchen, auch mit der Propagierung freier Lebensgemeinschaften verbundenen Tendenzen sollten die Kirchen aus theologisch-ethischen wie auch aus sozialen Gründen entgegentreten.[57]

[56] Vgl. K. Laabs (Hg.), Lesben, Schwule, Standesamt. Die Debatte über die Homoehe, Berlin 1991; G. Grau, a.a.O. (Anm. 5). Es soll nicht bestritten werden, daß es rechtliche Probleme homosexueller Paare gibt, die – ohne einer rechtlichen Gleichstellung mit der Ehe zu bedürfen – einer zivilrechtlichen Lösung bedürfen.

[57] Die rechtliche Privilegierung der Ehe besteht nicht wegen der Ehe als Zweierbeziehung, sondern wegen der daseinssichernden Funktion der Ehe, also weil sie Keimzelle der Familie ist.

# Der dreieine Gott und die Einheit von Mann und Frau

Karl-Heinz Michel

## 1. Die Frage nach dem spezifisch Christlichen

Je stärker unsere Gesellschaft multikulturelle Tendenzen willkommen heißt, je offener und pluralistischer sie moralische Maßstäbe handhabt, je beliebiger sie sich ihre religiösen Anschauungen zusammenbastelt, desto mehr stellt sich für Christen die Frage nach ihrer Identität: Was ist das Spezifische, an dem sie als Christen erkennbar sind und das sie in die Gesellschaft einzubringen haben?

Auf den ersten Blick scheint diese Frage nicht schwer beantwortbar zu sein: „Der Glaube an Jesus Christus und das Evangelium macht das spezifisch Christliche aus" – so würden viele wahrscheinlich spontan antworten. Doch leider ist dies keine eindeutige Antwort mehr, denn was der einzelne jeweils darunter versteht, das geht extrem weit auseinander, je nachdem, wie er Jesus Christus und das Evangelium sieht und deutet. Hier scheint mittlerweile beinahe jede Position möglich, und die gegenwärtige Situation in Kirche und Theologie ist tatsächlich so, daß unter der Berufung auf Jesus von Nazareth und das Evangelium eine schier endlose Bandbreite an Überzeugungen in Lehre, Et-

[1] Das hat natürlich theologie- und geistesgeschichtliche Ursachen, auf die hier aber nicht näher eingegangen werden kann, wie z.B. die neuzeitliche Erschütterung der Autorität und historischen Glaubwürdigkeit der Hl. Schrift, die „Entmythologisierung" der Person Jesu, der ethische Relativismus usw.

hik und Lebensführung vertreten wird[1]. Kein Wunder, daß sich da offizielle kirchliche Organe mit Abgrenzungen sehr schwer tun! Ehrlicherweise müßte man zugeben, daß das Bekenntnis zu Jesus Christus zu einer so schillernd vielfältigen und kontroversen Sache geworden ist, daß es als Einigungsbasis in der Kirche kaum noch taugt. Wie kommen wir in dieser im Grunde für die Kirche unhaltbaren Situation weiter? Wie kommen wir zu deutlicheren, eindeutigen Antworten, wenn andere – und auch wir selbst – uns nach dem spezifisch Christlichen fragen?

Wenn wir diese Frage an die Hl. Schrift und die kirchliche Tradition richten, werden uns diese antworten: Es trifft nicht zu, daß allein der Glaube an Jesus Christus und das Evangelium schon das eigentlich Christliche ausmachen! Das christliche Glaubensbekenntnis umfaßt seit neutestamentlicher Zeit und explizit seit den altkirchlichen Symbolen wesentlich mehr als nur das Bekenntnis zu Christus: es ist seit jeher ein dreifältiges Bekenntnis zu Gott, dem Vater, dem Sohn und dem Hl. Geist. Das heißt: Wir brauchen eine Rückbesinnung auf die Aussagen der Trinitätslehre und damit verbunden einen theologischen Neuansatz, der die üblich gewordene christologische Engführung und Reduktion in der Frage nach dem spezifisch Christlichen aufbricht! Im Neuen Testament und in der altkirchlichen Tradition ist jedenfalls die Christologie ins trinitarische Zeugnis eingebunden[2], und nur so vermag sie das spezifisch Christliche zu markieren.

[2] Es ist z.B. völlig unmöglich, die christologischen Aussagen im Johannesevangelium aus ihrem Zusammenhang mit der Sendung Jesu durch den Vater und der verheißenen Sendung des Geistes zu lösen.

## 2. Trinität und Schöpfung

Viele Unklarheiten und unvereinbare Gegensätzlichkeiten im Raum der Kirche rühren daher, daß wir – weniger in der Liturgie als in der Lehre! – die trinitarische Grundstruktur des christlichen Glaubens aus den Augen verloren haben, die uns wesentliche Maßstäbe geben könnte für Leben und Lehre der Kirche, für den Dialog mit dem Judentum und den nichtchristlichen Religionen[3] und nicht zuletzt im Bereich der Ethik für die Gestaltung menschlichen Lebens und Zusammenlebens.

Trinität und Ethik – damit betreten wir ein merkwürdigerweise noch kaum erschlossenes Gebiet. Der Zusammenhang dürfte eigentlich keine Frage sein: Wenn der Schöpfer der Menschen ein dreieiniger Gott ist, und wenn Ethik etwas zu einem guten und gelingenden menschlichen Leben zu sagen hat, dann muß doch beides wesentlich miteinander zu tun haben! Trinität und Schöpfung wäre damit zunächst das vorgelagerte Thema.

Wahrscheinlich müssen wir hier wieder ganz alte Fäden aufnehmen. Viele Kirchenväter und -lehrer, besonders von Augustin bis zu Hugo von St. Viktor (und darüber hinaus) haben wie selbstverständlich damit gerechnet, daß sich das Wesen des dreieinigen Gottes auch in seiner Schöpfung niedergeschlagen hat und sich dort widerspiegelt, und sie haben darum nach vestigia trinitatis, nach Spuren der Trinität im Geschaffenen gesucht. Und es ist in der Tat nachden-

[3] Das trinitarische Bekenntnis vermag z.B. im heute fälligen interreligiösen Gespräch viel besser die Einzigartigkeit des christlichen Gotteszeugnisses und damit auch christliche Identität zu wahren, ohne die Liebe zum Anderen aufzukündigen, die wesensmäßig zur Trinität gehört. Doch auch dies kann hier nur angedeutet werden.

kenswert, wie viele „triadische“ Gegebenheiten sich finden und aufzählen lassen, ob man nun die Leib-Seele-Geist-Einheit der menschlichen Existenz nimmt oder die drei Raumdimensionen (Länge, Breite, Höhe) und Zeiten (Vergangenheit, Gegenwart, Zukunft), denen alles irdische Leben unterworfen ist ...

Man muß dieses Spiel nun nicht, wie vielfach geschehen, ins Extrem treiben und überall Dreiheiten entdecken wollen. Vielleicht ist uns Heutigen eher die Beobachtung zugänglich, daß die vielbesungene Harmonie der Schöpfung immer wieder auf einer spannungsvollen Einheit von polaren Größen beruht: Die Kraft der Elektrizität strömt aus der Spannung zwischen einem negativen und einem positiven Pol. Materie gibt es nur im Kräftespiel von positiven Protonen und negativen Elektronen. Unser Planetensystem ist stabil aufgrund des Zusammenwirkens von Schwerkraft und Fliehkraft usw.... Jedesmal sind zwei gegensätzliche Größen einander zugeordnet, in spannungsvoller Einheit verbunden und dadurch nützlich und kreativ. Und das sollte nichts mit dem Dreieinen zu tun haben? Ich meine, es fällt nicht schwer, darin die Handschrift des Schöpfers wiederzuerkennen[4], der seit jeher als Vater und Sohn in der Einheit des Heiligen Geistes ein Gott ist.

Umfassender noch als solche geschöpflichen Hinweise auf den Dreieinen weist auf diesen hin, daß die Schöpfung insgesamt als das raumzeitliche Anders-Sein und Gegenüber-Sein des Schöpfers einen Gott voraussetzt, der in sich selbst Andersheit und Gegenüber kennt und lebt. Damit

[4] *Wieder*erkennen: um im „Buch der Natur“ (Joh. G. Hamann) den dreieinigen Gott erkennen zu können, braucht es von der biblischen Offenbarung geöffnete Augen. Solche Augen vermögen dann tatsächlich in diesem Buch zu lesen und Zusammenhänge von Schöpfung und Offenbarung zu entdecken, an denen z.B. gerade Hamann viel lag.

berühren wir das Herzstück des biblisch-christlichen Gotteszeugnisses, das in knappster Form 1.Joh 4,16 ausdrückt: „Gott ist die Liebe."

„Das Ideal einer bloßen Einheit ohne Anderssein (das ‚Hen' Plotins, aber auch der Monos Theos der Hebräer und des Islam) werden der christlichen Aussage, Gott sei die Liebe, nicht gerecht; eine solche Einheit hielte an sich und wäre nicht mitteilbar; alles Anderssein wäre ein bloßer Abfall von ihr."[5] Wer wirklich liebt, bleibt nicht bei sich selbst und seinesgleichen stehen[6], sondern sucht und findet das Gegenüber, den anderen, dem er sich hingeben kann. Wirkliche Liebe beweist und bewährt sich gerade am andersartigen Gegenüber. Das Wesen der Liebe und die Schöpfung als ein Werk der Liebe weisen zurück auf einen Schöpfer, der in sich selbst schon die Hingabe an einen anderen kennt und lebt.[7]

Die mittelalterliche Scholastik konnte auch umgekehrt folgern: Wenn es in Gott selbst schon Andersheit gibt, dann liegt die geschöpfliche Welt in ihrer Mannigfaltigkeit, mit ihren spannungsvollen Polaritäten bereits in der Konsequenz der innertrinitarischen Bewegungen, dann sind die Hervorgänge der Geschöpfe in den ewigen Hervorgängen der göttlichen Personen innerhalb der Trinität begründet. So kann man es bei Thomas von Aquin[8] und Bonaventura nachlesen.

5 Hans Urs von Balthasar, Theodramatik IV, Das Endspiel, Einsiedeln 1983, S. 71f.

6 Man lese einmal unter diesem Aspekt das Wort Jesu Mt 5,46f!

7 Die unüberholbare Bedeutung der „immanenten Trinitätslehre" liegt genau darin, daß sie dies festhalten will.

8 „Der Ausgang der Personen in der Einheit der Wesenheit ist die Ursache für den Ausgang der Geschöpfe in der Verschiedenheit der Wesenheit." So Thomas v. Aquin in seinem Sentenzenkommentar, zitiert bei H.U. v. Balthasar, a.a.O., S. 54.

Um in gebotener Kürze diesen Gedankenkreis Trinität und Schöpfung zusammenzufassen, sei noch einmal H.U. von Balthasar zitiert, der als einer der wenigen in unserer Zeit auf eindrucksvolle Weise die Trinitätslehre zur Grundlage aller seiner Aussagen gemacht hat: „Wenn in Gott der Andere, das Wort, der Sohn gesetzt werden muß, dann ist die Andersheit der Schöpfung kein Abfall, keine Erniedrigung, sondern ein Bild Gottes, ohne selbst Gott zu sein."[9]

Auf der Grundlage einer solchen Einsicht nun eine trinitarische Anthropologie und Kosmologie aufzubauen, das würde – davon bin ich überzeugt! – ein ganz unerwartetes, hilfreiches Licht auch auf die ethischen Probleme werfen, in denen wir heute stehen. An einer konkreten Stelle sei dies darum einmal versucht, in einer uns bedrängenden Frage sollen im folgenden die Linien von der Trinität bis zur ethischen Weisung ausgezogen werden: in der Frage des Zueinanders und Miteinanders der Geschlechter. In der Frage der Geschlechterbeziehung scheint sich gegenwärtig alles bisher Übliche aufzulösen: An die Stelle von Ehe und Familie tritt eine Vielzahl von alternativen, nichtehelichen und gleichgeschlechtlichen Lebensgemeinschaften. Und es ist offensichtlich, daß uns eine allein christologisch begründete Ethik in diesen Fragen kaum weiterhilft! Könnte uns hier nicht das trinitarische Gotteszeugnis Maßstäbe und Wegweisung geben?

[9] H.U. v. Balthasar, Eschatologie im Umriß, in: Pneuma und Institution. Skizzen zur Theologie IV, Einsiedeln 1974, S. 417f.

## 3. Trinitarische Grundbestimmung des Menschen

In den Schöpfungskapiteln Gen 1 und 2 finden wir Grundaussagen über den Menschen, vor allem: er ist zum Bild Gottes geschaffen (1,27). Wie immer dies zu verstehen ist, es meint auf jeden Fall eine wesentliche Ähnlichkeit und Entsprechung von Gott und Mensch. Dies wird sofort expliziert: „er schuf sie als Mann und Frau".

Von der trinitarischen Gottesaussage der christlichen Offenbarung her versuche ich nachdenkend zu verstehen: Wenn der Gott, der in sich selbst die Verschiedenheit und Einheit von Vater, Sohn und Geist lebt, sich ein Gegenüber erschafft, das ihm entsprechen soll, dann kann dies keine „Monade" sein, die alles in sich selbst hat und spannungslos für sich allein lebt. Wenn der Dreieine sich den Menschen als Gegenüber schafft, dann als ein Gegenüber, das bereits auf seiner Ebene in einer polaren Spannung lebt: als Mann und Frau. Das bedeutet: Der Mensch ist von vornherein in seiner Verschiedenheit als Mann und Frau aufeinander verwiesen und angewiesen, er bekommt sofort und ständig die Andersartigkeit des anderen zu spüren, aber auch die elementare Anziehung, die darin liegt: „darum wird ein Mann Vater und Mutter verlassen und seinem Weib anhangen, und sie werden ein Fleisch sein" (2,24). Gerade so ist und wird er „Bild Gottes".

Gott hat den Menschen so geschaffen, wie er ihn wollte, wie es ihm entspricht: in der Verschiedenheit, ja Polarität von Mann und Frau, die beide einswerden sollen in gegenseitiger Ergänzung. Und so entspricht der Mensch dem Bild Gottes, dem Bild des *dreieinen* Gottes. Das heißt: In der Art und Weise, wie Gott den Menschen als Mann und Frau zu seinem Bild geschaffen hat, drückt sich ein Wille Gottes aus. Damit kommt der Übergang zur ethischen Weisung in Blick.

Das ist jetzt kein „naturalistischer Fehlschluß", sondern die Aussage „zum Bild Gottes schuf er ihn" schließt eine Zielbestimmung ein, eine willentliche Bestimmung Gottes für den Menschen, und genau entsprechend dieser Bestimmung hat Gott ihn auch geschaffen. Von Gen 1 und 2 her sei diese Bestimmung des Menschen dreifach entfaltet: er ist bestimmt zur Beziehung, er ist bestimmt zur Ergänzung und Einheit in der Verschiedenheit von Mann und Frau, und er ist bestimmt zur Treue in der Beziehung.

### *a) Bestimmt zur Beziehung*

Der Mensch ist das erste und einzige Geschöpf, das Gott direkt und persönlich anspricht („und er sprach *zu* ihnen ..." V. 28) und auf dessen Antwort er wartet. Gott selbst nimmt die Beziehung auf. Und der Mensch ist so geschaffen, daß er hören und sehen, sprechen und antworten kann. Er ist auf ein Gegenüber hin geschaffen, zuerst zu Gott hin, aber auch untereinander von Mensch zu Mensch. Er kann in Beziehung treten, und das Medium solcher Beziehung ist vor allem das Wort, die Sprache.

Denken wir an den Beginn des Johannesprologs („Im Anfang war das Wort, und das Wort war bei Gott, und Gott war das Wort ..." Joh 1,1), so wird deutlich, wie elementar das Wort und die Beziehung aufgrund des Wortes für Gott selbst ist – und für den Menschen, der zu seinem Bild geschaffen ist. Und wenn man das „Wort" hebräisch konkret mit „Anrede" übersetzt, wie das M. Buber einmal getan hat, dann wird noch klarer, daß das Wort auf Beziehung zielt, Beziehung stiftet und ins Leben ruft, wie umgekehrt eine Beziehung erlischt, wenn das Wort erstirbt.

Es ist kein Zufall, daß das Gespräch in Gott („lasset uns Menschen machen ..." Gen 1,26) sich fortsetzt im Gespräch Gottes mit dem Menschen und schließlich der Menschen untereinander. Darin vor allem drückt sich Gottesebenbildlichkeit des Menschen aus.

Viele wesentliche Aussagen über den Menschen ergeben sich von hier aus, denen für unsere Zeit wegweisende Bedeutung zukommt. Zum Beispiel: Selbstentfaltung, Selbstverwirklichung kann überhaupt nur in Beziehung, an einem Gegenüber gelingen[10]. Sein Menschsein gewinnt man nur, indem man die spannungsvolle und unaufhebbare Polarität von Individuum und Gemeinschaft eingeht, aushält und fruchtbar werden läßt[11]. Menschliche Beziehungen in ihrer Zerbrechlichkeit bedürfen einer größeren Liebe, die sie nährt und umfängt, bedürfen einer größeren Beständigkeit, als ihnen selber innewohnt, d.h. wir Menschen sind gerade als Beziehungswesen auf Hilfe von außen, auf Gott gewiesen und angewiesen. Ich hoffe: In dem Maß, wie wir am Ende des 20. Jahrhunderts der ideologischen Einseitigkeiten und Verzerrungen überdrüssig werden, wird der Boden wieder bereit, solche für unser Menschsein wesentlichen Aussagen aufnehmen und umsetzen zu können.

[10] Kaum einer hat dies so deutlich gezeigt und entfaltet wie Martin Buber, z.B. in seinem Hauptwerk „Ich und Du“: „Ich werde am Du; Ich werdend spreche ich Du. Alles wirkliche Leben ist Begegnung“ (in: Das dialogische Prinzip, Heidelberg 1965, S. 15).

[11] „Die fundamentale Tatsache der menschlichen Existenz ist weder der einzelne als solcher noch die Gesamtheit als solche. Beide, für sich betrachtet, sind nur mächtige Abstraktionen . . . Die fundamentale Tatsache der menschlichen Existenz ist der Mensch mit dem Menschen.“ M. Buber, Das Problem des Menschen, Heidelberg 1982 (5. Auflage), S. 164.

### *b) Bestimmt zur Ergänzung und Einheit in der Verschiedenheit von Mann und Frau*

Es gibt den Menschen nur als Mann oder als Frau. „Der Anfang der Bibel gibt den Raum frei für eine Phänomenologie des Geschlechtlichen, das zunächst im nüchternen Rahmen der Geschöpflichkeit gesichtet wird. Nirgends ist der Mensch seiner Kontingenz bewußter, als wo jedes Geschlecht sich von seiner Angewiesenheit auf das andere überzeugen muß: Keines kann für sich der ganze Mensch sein, es gibt ihm ‚gegenüber' immer noch die andere, ihm unzugängliche Weise, es zu sein."[12]

Es gibt wesentliche Erfahrungen des Menschseins, die ich als Mann niemals machen werde und die ich mir nur von dem „anderen" Menschen, der Frau, sagen und berichten lassen kann, wie z.B. Empfangen und Gebären. Ebenso umgekehrt. Keine der typischen Erfahrungen von Mutterschaft oder Vaterschaft kommt ohne den anderen Geschlechtspartner zustande. Wir sind als Mann oder als Frau auf Er-gänz-ung angelegt – in des Wortes buchstäblicher Bedeutung: ganz Mensch werden wir nur miteinander!

Auch hierin liegen wieder wegweisende Aussagen für unsere Zeit. Gott hat Mann und Frau unterschiedlich geschaffen und begabt, und jeder braucht die Ergänzung durch den anderen. Je profilierter die Gabe, desto reicher, aber auch spannungsvoller der Weg zur Ergänzung! Lange Zeit wurde das in der menschlichen Kulturgeschichte nur als Kampf um die Dominanz des einen Geschlechts über das andere begriffen. Auch heute stehen viele in der Versuchung, männliche Dominanz durch weibliche Dominanz zu ersetzen, ganz abgesehen davon, daß in jeder Ehe dieser

[12] H.U. von Balthasar, Theodramatik II,I, Einsiedeln 1976, S. 337f.

Kampf mehr oder weniger subtil und mit wechselndem Ausgang abläuft, – es sei denn, die Einsicht setzt sich durch, daß Dominanz das freie Spiel der gegenseitigen Ergänzung verhindert, zu dem der Mensch als Mann und Frau ursprünglich geschaffen ist.

Normalerweise reagiert ein Mensch auf ein anderes, fremdes Gegenüber ambivalent: mit Neugier und Angst. Man ahnt – bei aller Anziehung – den Konfliktstoff, möchte der Mühe aus dem Weg gehen, den anderen in seiner Andersartigkeit kennen- und verstehen zu lernen, scheut die Infragestellung der eigenen Person, die sich daraus ergeben könnte. Dabei ist die Andersheit des anderen die stärkste Herausforderung, das eigene Profil zu entdecken und zu entfalten! Und je profilierter sich einer ins Spiel bringen kann, desto reicher wird das Miteinander.

Dies alles gilt in potenzierter, einzigartiger Weise von der Verschiedenheit in der Beziehung von Mann und Frau. Hier ist der typische Fall von Verschiedenheit gegeben, wie sie unter Menschen nicht größer sein kann. Und darum liegt ein besonderer Reichtum darin, wenn solche Verschiedenheit zu echter Einheit findet, wie dies in der Ehe möglich ist. Ernst Bloch kennzeichnete einmal die Ehe als „ruhende Einheit bei feiner, brennender Andersheit“. Wo solche Ehe-Einheit gelingt, wird damit das Beispiel von Ergänzung und Einheit in der Verschiedenheit gegeben, das dem dreieinen Wesen Gottes am ehesten entspricht. Der dreieine Gott wollte und will dieses spannungsvolle Miteinander der Geschlechter, er will, daß einer am „andern“ Profil gewinnt und es zur gegenseitigen Ergänzung kommt, er will, daß ein Mann und eine Frau miteinander eins und so erst ganz Mensch zum Ebenbild Gottes werden.

### *c) Bestimmt zur Treue in der Beziehung*

„Und der Mann wird seiner Frau anhangen" (Gen 2,24), „ankleben" heißt dies sogar wörtlich übersetzt, womit auf die Dauerhaftigkeit der Beziehung hingewiesen ist. Wenn die Ergänzung und Einheit in der Verschiedenheit von Mann und Frau gelingen soll, dann braucht es Konstanz in der Beziehung, erst recht dann, wenn die Beziehung an den Rand des Zerbruchs kommt. Das ist in jeder größeren Krise der Fall, wenn die Gaben und Wege in ihrer Verschiedenheit sich so sehr stoßen, daß ein weiteres Miteinander unmöglich erscheint. Wir Heutigen gehen dann rasch auseinander – und verhindern damit den Wachstumsschritt, der in jeder Krise verborgen liegt und gewonnen werden will.

Krisen gewinnen eine andere Tiefe und Fruchtbarkeit, wenn sie von dem entschiedenen Willen getragen sind, beieinander zu bleiben. Und wer durch die Krise hindurch neu einen gemeinsamen Weg findet, der wird an Reife zulegen. Wir Menschen reifen aneinander. Und auch hier gilt wieder in einzigartiger Weise: Wir reifen besonders in der mit aller spannungsvollen Verschiedenheit durchgehaltenen Beziehung von Mann und Frau. Treue zahlt sich aus in Reifung. Und solche Reifung bringt der Bestimmung näher, Ebenbild des dreieinen Gottes in seiner Liebe und Treue sein zu dürfen.

## 4. Die dreifache Not des modernen Menschen

Es braucht nicht zu verwundern, daß die göttliche Bestimmung des Menschen zur Beziehung, zur Einheit in der Verschiedenheit von Mann und Frau, zur Treue in der Beziehung zu allen Zeiten umkämpft ist. Auch in unserer Zeit korrespondiert jeder dieser Bestimmungen eine auffällige Not. Davon soll jetzt die Rede sein: von den mehr und mehr das moderne Leben prägenden Phänomenen der Beziehungsarmut, Polaritätsscheu und Bindungsangst.

Sind die auf den ersten Blättern der Bibel ausgesprochenen Bestimmungen des Menschen wirklich von elementarer Bedeutung für unser menschliches Leben, dann ist mit diesen angesprochenen Nöten elementar unser Menschsein bedroht. Nimmt man dies ernst, so kann man sich der Einsicht kaum verschließen, daß wir im Gang der Moderne tatsächlich in einer höchst kritischen Phase angelangt sind.

### *a) Beziehungsarmut*

Der Mensch, von Gott zur Beziehung bestimmt, wird normalerweise in eine Fülle von Beziehungen hineingeboren. Doch unsere Zeit charakterisiert eher eine wachsende Beziehungsarmut. Dazu trägt vor allem die Auflösung der Großfamilie, des Familienverbands bei. War es früher selbstverständlich, schon im Raum der Familie in vielfältigen Beziehungen zu leben und damit zurechtkommen zu müssen (mit Geschwistern, Onkeln und Tanten, Großeltern, unverheirateten Familiengliedern – und dies oft unter einem Dach!), so bietet die heute übliche „1-Kind-1/2-Eltern-0-Großeltern-Schrumpffamilie“[13] nur noch sehr reduzierte Beziehungsmöglichkeiten. Setzt sich dieser Trend fort, so wird man bereits nach einer Generation keine Geschwister mehr und kaum noch Verwandte kennen.

Die häufige Isolation der Kleinfamilie und die Überforderung der Familienmitglieder, das nötige Maß an persön-

[13] So Hubert Markl in seiner sehr lesenswerten Kolumne „Lernziel Mitmensch“ in: Die Zeit, Nr. 43 vom 22.10.93.

licher Liebe und Zuwendung innerhalb eines kleinen Kreises von nur zwei oder drei Bezugspersonen erwarten oder geben zu müssen, der verbreitete Wunsch nach (meist beziehungsloser!) Selbstverwirklichung, Selbstverliebtheit bis zum Narzißmus, die wachsende Beziehungsunfähigkeit junger Menschen, krankhaft im Autismus, dazu noch die fortschreitende Technisierung der Arbeitsprozesse, in denen der einzelne oft nur noch die Maschine zum Gegenüber hat, und die einsamen Computerspiele in der Freizeit usw. ... – das alles sind Symptome einer Entwicklung, deren Folgen noch nicht absehbar sind. Auf jeden Fall bedeutet sie eine ungeheure Verarmung an Beziehungen und eine Einsamkeit in der Massengesellschaft, die für viele tödlich enden wird.

Menschliche Beziehungen wollen eingeübt, Mitmenschlichkeit will gelernt sein. Davon hängt die Lebensqualität, ja letztlich das Überleben einer Gesellschaft ab. Doch der Raum, das zu lernen, wird immer schmaler.

### *b) Polaritätsscheu*

Wenn das Übungsfeld für Beziehungen kleiner und der Erfahrungsraum geringer wird, mit vielen unterschiedlichen Menschen zusammenzuleben und zurechtkommen zu müssen und zu können, nimmt auch die Fähigkeit zur Auseinandersetzung ab, die Fähigkeit zu streiten und sich zu versöhnen, Gegensätze stehenzulassen und fruchtbar zu machen. Doch sind dies gerade Fähigkeiten, die ein Gemeinwesen, speziell auch eine Demokratie, zum Leben braucht: die Fähigkeiten, Konflikte kreativ auszutragen, unterschiedliche Gaben zu integrieren und mit gegensätzlichen Talenten und Ansichten zusammenzuarbeiten und Größeres entstehen zu lassen, als es die eigene Beschränktheit erlaubte.

Unbestreitbar geht in unserer Zeit sowohl die Konfliktfähigkeit als auch die Zahl der integrationsfähigen Menschen zurück. Wer nicht schon im Geschwisterkreis der Familie lernen konnte, sich durchzusetzen und zurückzutreten, sich auf gegensätzliche Gaben und Grenzen einzulassen und damit umzugehen, wer vielleicht Eltern erlebte, die sich als Gegenüber oder auch Widerpart nur zurückzogen oder alles erlaubten, der wird Mühe haben, an anderer Stelle nachzuholen und zu lernen, wie man mit menschlichen Gegensätzen und Fremdartigkeiten zurechtkommt. Statt sie fruchtbar machen zu können, bleibt für viele nur der Weg in Aggression und Gewalt oder der Rückzug in Einsamkeit und Depression.

In der Beziehung der beiden Geschlechter zueinander ist schon seit längerem zu beobachten, daß viele junge Männer nicht mehr den Mut haben, auf eine Frau in ihrer Andersartigkeit zuzugehen und sich auf das Abenteuer einer spannungs- und konfliktreichen Beziehung einzulassen. Das Heer der Singles wächst nicht nur aus dem Wunsch nach ungebundener Selbstentfaltung, sondern auch aus Unfähigkeit, einem andersgeschlechtlichen Menschen nahezukommen. Auch homosexuelles Verhalten ist als ein Beharren beim eigenen Geschlecht zu sehen. Man kann sich nicht – aus welchen Gründen auch immer – wirklich mit Leib und Seele auf einen andersgeschlechtlichen Partner einlassen.

Polaritätsscheu – mit diesem Wort könnte man solche Zeiterscheinungen kennzeichnen. Gibt man ihr nach, bedeutet dies immer auch eine Beschränkung der geschöpflichen Möglichkeiten. Die Möglichkeiten der Persönlichkeitsentfaltung und -reifung, die gerade im polaren Miteinander von Mann und Frau liegen, werden reduziert. Darum ist es so fatal, wenn solche Not unserer Tage zum Normalfall erklärt wird, sei es in feministischen und irgendwann im Rückschlag dazu maskulinen Profilierungsversuchen ohne und gegen das andere Geschlecht, sei es in der Propagierung homosexueller Lebensweisen. Immer verhindert solche „Einseitigkeit“ die volle Entfaltung der menschlichen Person und damit auch das Ergreifen der gottebenbildlichen Bestimmung des Menschen.

### *c) Bindungsangst*

Eine weitere Not unserer Zeit ist die weitverbreitete Bindungsangst. Erwünscht ist viel mehr Unverbindlichkeit: unverbindliche Ansicht bei Produkten, beim Einkaufsbummel und genauso in den Beziehungen. Die Bindung an einen Menschen wird als Einschränkung der persönlichen Freiheit empfunden, und die Vorstellung, sich lebenslang auf einen Menschen einzulassen, klingt für viele wie ein Alptraum.

Dennoch ist der Wunsch nach Treue durchaus in unserer Gesellschaft lebendig, sogar mit steigender Tendenz. Dies entspricht ja auch einer tiefen Sehnsucht des Herzens: geliebt zu werden ohne Kündigung, bejaht und angenommen zu sein ohne Begrenzung und Bedingung. Viele wünschen es sich, doch wenige sind bereit oder fähig, das gleiche dem anderen zu geben. Dahinter stehen oft tiefsitzende Enttäuschungen und Verletzungen bereits aus der eigenen Kindheit, Wechselbäder von Zuwendung und Zurückweisung, die tief verunsichert haben und Angst vor jeder dauerhaften Bindung aufkommen ließen. Man möchte – oft unbewußt – nicht noch einmal das gleiche erleben. Lieber kommt man dem anderen nicht zu nahe und bindet sich nicht auf Gedeih und Verderb an einen Menschen.

Das Tragische dabei ist, daß infolgedessen die heilende

und befreiende Wirkung einer dauerhaften, zuverlässigen Beziehung nicht mehr erfahren wird, in der beide Partner voreinander offenbar werden und sich selbst immer mehr kennenlernen, ihre Konflikte austragen lernen und aneinander wachsen und das Miteinander immer echter und hilfreicher wird, eben weil man – geschehe, was wolle – beieinander bleibt. Die Dauerhaftigkeit einer Ehe, „bis der Tod euch scheide", ist kein alter Zopf, der abgeschnitten gehört, sondern ist wichtig für unser ganzes Menschsein. Gerade in der Bindung eröffnet sich ein ungeahntes Maß an Freiheit und Entfaltungsmöglichkeit. Doch diese Erfahrung geht unserer Zeit mehr und mehr ab.

So wird der Weg zu wirklicher Persönlichkeit, das Geheimnis erfüllten Menschseins immer unzugänglicher. Es erschließt sich da, wo ein Mensch sich mit seiner ganzen Existenz auf ein Du, auf Beziehung einläßt, auf die Spannung in der Verschiedenheit und Gegensätzlichkeit von Mann und Frau, wie sie ganz unvergleichlich in der Ehe auflebt und fruchtbar wird, und wo er darin Treue bewahrt.

## 5. Lernziel Einheit

Je weiter sich unsere Zeit von dieser biblischen Sicht und Bestimmung des Menschen entfernt, je mehr sich die gesellschaftlichen Ordnungen und Strukturen in eine andere Richtung entwickeln, desto notvollere Folgen werden sich einstellen: gerade nicht ein neues, befreites Menschsein wird das Ergebnis sein, sondern eher Generationen von seelisch gestörten Männern und Frauen, die mehr oder weniger beziehungs-, konflikt- und bindungsunfähig sein werden.

Um so wichtiger werden gesunde Lebenszellen sein, in

denen diesen Nöten positiv begegnet wird, z.B. dadurch, daß sie vereinsamten und seelisch verletzten oder geschädigten Menschen einen Raum der Annahme, der Heilung und des Nachreifens bieten. Es braucht solche heilenden Zellen verbindlicher Lebensgemeinschaft, in denen vielfältige Beziehungen eingeübt, Verschiedenheit fruchtbar gemacht, Konflikte und Krisen als Chance begriffen werden und damit ein überzeugendes Beispiel gelingenden Menschseins gegeben wird. Der erste Ort dafür ist und bleibt die Familie. Doch die heutige Einzelfamilie scheint das kaum noch leisten zu können, auch wenn sie bewußt dem biblischen Leitbild verpflichtet ist. Sie braucht die Einbindung in den größeren Verband, in dem man miteinander an den Grundlagen von Menschsein, von Ehe und Familie arbeitet und sich gegenseitig auf einem Weg stärkt, der in mancher Hinsicht gegen den Trend der Zeit steht, aber schließlich doch die besseren Früchte bringt.

Kirchengemeinden, lebendige christliche Gruppen könnten und sollten der übergreifende Raum sein, in dem die Einzelfamilie aufgehoben ist und zusammen mit vielen anderen authentisches Menschsein und heilendes Miteinander einübt und pflegt: Kirche als Werkstatt der (Mit-) Menschlichkeit! Hier kommt eine ganz wesentliche Aufgabe auf uns Christen zu. Gerade weil wir den dreieinigen Gott kennen und von ihm her Maßstäbe des Humanen empfangen haben, sind wir in einer Zeit, in der Grundlagen des Menschseins und der Gesellschaft zerbrechen, besonders herausgefordert.

Im letzten geht es überall darum, Liebe zu lernen. Auch die Erfüllung der Bestimmung zur Gottebenbildlichkeit liegt in der Liebe. Denn die Liebe, die in Gott ihren Ursprung und ihr Urbild hat, bleibt nicht bei sich selbst stehen, sondern gibt sich an den anderen hin und wächst, indem sie sich verschenkt. Sie sucht die Ergänzung durch den anderen in seiner Unterschiedlichkeit, reift an der Gegensätzlichkeit des anderen und bleibt ihm treu. Liebe ist Wille zur Einheit.

So ist es in Gott, der in der Einheit von Vater, Sohn und Heiligem Geist Gott ist. So soll es unter den Menschen auch sein, darum hat er den Menschen als Mann und Frau geschaffen. Und die Ehe-Einheit von Mann und Frau darf zur kleinsten, aber wirkungsvollen Zelle der Versöhnung werden, von der versöhnende Liebe ausstrahlt in Haus und Land, in die Gesellschaft mit ihren Widersprüchen und Spannungen und sogar noch in die zerrissene Schöpfung. Denn „alle sollen eins sein“ (Joh 17,21), und „alles soll in Christus mit Gott versöhnt werden“ (Kol 1,20) – das ist das letzte Ziel der Schöpfung, zu der jede Ehe wesentlich beitragen darf.

# Homosexualität und die Vollmacht der christlichen Gemeinde

Roland Werner

*Was ihr binden werdet auf Erden, wird auch gebunden sein im Himmel. Und was ihr lösen werdet auf Erden, wird auch gelöst sein im Himmel.* (Mt 18,18)

*Das zweite Gebot der Lehre: Du sollst nicht töten. Du sollst nicht ehebrechen. Du sollst nicht Knaben schänden. Du sollst nicht Unzucht treiben. Du sollst nicht stehlen. Du sollst keine Zauberei treiben. Du sollst nicht das Kind im Mutterschoß töten und nicht das Neugeborene umbringen.* (Didache, Ende des 1. Jahrhunderts)

*Desgleichen müssen auch die jungen Männer in allen Stücken untadelig leben, vor allem auf Keuschheit bedacht sein und sich im Zaum halten vor allem Bösen. Denn es ist gut, sich zurückzuhalten von den Begierden der Welt, weil jede Begierde gegen den Geist kämpft, und weder Hurer, noch Weichlinge, noch die beim Manne liegen das Reich Gottes erben werden, noch überhaupt, die das Unstatthafte tun. Daher ist es notwendig, sich von alledem fernzuhalten.* (Polykarp von Smyrna, als Märtyrer gestorben 155/156 n.Chr)

Das Thema Homosexualität, das sich gegenwärtig in den Kirchen unseres Landes stellt, kann von verschiedenen Seiten angegangen werden. Je nachdem, ob es darum geht, die Kirche als Ganzes in ihren ethischen Entscheidungen zu begleiten, oder darum, den einzelnen homosexuell empfindenden Menschen zu begleiten, wird die Zielrichtung des Gesagten unterschiedlich sein. In diesen unterschiedlichen Situationen zeigt sich letztlich der Unterschied zwischen gesellschaftlicher und persönlicher Seelsorge, anders gesagt zwischen prophetischer und seelsorgerlicher Rede. Dennoch muß eine christliche Antwort auf das notvolle Thema der Homosexualität immer geprägt sein von Geist und Sinn der Bibel. Aufgrund der unterschiedlichen Stoßrichtung der Aussagen werde ich dies im folgenden in zwei Hauptteilen behandeln.

# A. Homosexualität im Spannungsfeld von Wahrheit und Liebe

Die christliche Gemeinde in den Ländern der westlichen Welt steht in unserer Zeit vor ganz neuen Herausforderungen von großer Tragweite. Es werden von ihr Entscheidungen verlangt, die weitreichende Konsequenzen nach sich ziehen - so oder so. Nicht immer ist es möglich, die Reichweite dieser Folgen im vorhinein abzusehen. Dennoch ist es wichtig, so klar wie möglich zu verstehen und zu bedenken, was es ist, über das wir nachdenken und umdenken sollen. Wahrheit darf auf keinen Fall ausgeschaltet werden, wenn wir nicht zu weitreichenden Fehlurteilen gelangen wollen. Wir wollen versuchen, einige Eckdaten klar ins Auge zu fassen. Wie stellt sich die gegenwärtige Situation dar?

## 1. Was von uns erwartet wird

*a) Vollkommenes Umdenken in Sachen Ethik*

Überall in Gesellschaft und Kirche erklingt der Ruf, daß wir (nicht nur im dogmatischen, sondern auch im ethischen Bereich) zu völlig neuen Einschätzungen kommen müssen. Ist das wirklich so? Was sind die völlig neuen Fakten, die uns dazu zwingen?

*b) Ausscheren aus einem jahrhundertealten Konsens*
Dazu gehört auch, daß die christliche Botschaft als ganzes umgewertet werden soll. Nicht allen ist klar, daß wir damit im Begriff stehen, aus einem Konsens, einer *opinio communis Christiana*, auszuscheren. Tut uns das gut? Ist unsere Zeit tatsächlich erleuchtet wie es die früheren Jahrhunderte nicht waren?

*c) Die Bibel als zeitbedingt auszuhebeln*
Direkt damit hängt zusammen der Versuch, die Bibel in ihren verbindlichen Aussagen zu relativieren. Das ist natürlich ein Prozeß, der schon seit längerem in vollem Gange ist, jetzt aber auch die Ebene der Ethik erreicht. Und hier, im praktischen Lebensvollzug, wird deutlich, welche immensen Folgen das hat für das Gesicht der Kirche und einer ganzen Gesellschaft. Tatsächlich steht die Schrift als ganze auf dem Spiel, da die einzelnen Aussagen der Bibel in einer lebendigen und notwendigen Bezogenheit aufeinander existieren und auch nur so Sinn machen. Gilt heute noch, was angesichts großer Anfechtungen durch einen unchristlichen Zeitgeist in der Mitte unseres Jahrhunderts formuliert wurde:

*Sie (die Kirche) bekennt mit den Kirchen der Reformation, daß die Heilige Schrift die alleinige Quelle und die vollkommene Richtschnur des Glaubens, der Lehre und des Lebens ist?* (Grundartikel I der rheinischen Kirchenordnung von 1952)

*d) Ein undifferenziertes Ja zu sagen zu den Forderungen von Lobby-Gruppen, die mit Druck arbeiten*
Die Kirche steht unter Druck, sich emotional erpressen zu

lassen. Eine wirkliche sachliche Diskussion wird weitgehend ausgeschaltet durch das Argument, daß nur „selbst Betroffene“ ein Recht oder die Befähigung hätten, sich zu diesem Thema zu äußern. Auf viele Weisen wird Druck ausgeübt, nun endlich schnell „nachzuziehen“ und nicht zurückzustehen bei der Neubewertung von Sexualität und Lebensformen. Unter diesem Druck wird es natürlich schwierig, mit Nüchternheit und klarem Verstand Entscheidungen vorzubereiten, die dann auch dem Test der Zeit standhalten können.

## 2. Was auf dem Spiel steht

Wie schon angedeutet, steht bei der Neubewertung homosexuellen Verhaltens in der Kirche mehr auf dem Spiel, als unmittelbar offensichtlich ist. Auf dem Spiel stehen in Wirklichkeit gleichzeitig folgende zentrale Themenkreise:

*a) Die Autorität der Schrift als Grundlage der Kirche*
Muß die Kirche neben der Heiligen Schrift noch andere Gegebenheiten und Größen als verbindliche Grundlage ihrer Lehre und ihres Lebens annehmen als das Wort Gottes in der Heiligen Schrift? Die Barmer Theologische Erklärung hat in einem anderen Zusammenhang, als es auch um das Mitgehen mit „neuen Erkenntnissen“ und einer angeblich „neuen geschichtlichen Situation“ ging, eine klare Aussage gemacht. M.E. befinden wir uns an einer kirchengeschichtlich ähnlich scheidenden und entscheidenden Stelle.

*b) Ehe als grundlegende Struktur der Familie*
Wer über Homosexualität verhandelt, verhandelt damit gleichzeitig, ob er sich selbst oder anderen darüber Re-

chenschaft ablegt oder nicht, die Frage nach der biblischen Sicht von Mann und Frau. Diese sind von Gott zusammengestellt als Gegenüber in Ergänzung, Treue und Verbindlichkeit. Was Gott zusammengefügt hat, soll der Mensch nicht scheiden. Stimmt es wirklich, daß homosexuelle Partnerschaften sich nicht wesentlich von einer Partnerschaft zwischen Mann und Frau unterscheiden? Ist die Familie im traditionellen Sinn wirklich überholt? Erst langsam wird deutlich, welche negativen Folgen – im einzelnen Leben, vor allem des Kindes, und in der Gesellschaft als ganzer – durch die Auflösung der Familie sichtbar werden. Wollen wir als Kirche wirklich diesen Prozeß fördern und sanktionieren? Machen wir mit beim Ausverkauf der Ehe?

*c) Ökumenischer Konsens in der Bewertung menschlicher Sexualität*

Eine evangelische Kirche, die ihre ökumenische Einordnung in die „allgemeine christliche Kirche" (Glaubensbekenntnis) ernstnimmt, kann nicht vollständige ethische Umorientierungen vornehmen, ohne auf die Stimmen der alten Kirche, der orthodoxen Kirchen, der Römisch-katholischen Kirchen und der Kirchen in der Zweidrittelwelt zu hören. Ist es wirklich Aufgabe der „Kirche des Wortes", anderen Kirchen voranzupreschen in der Aufgabe der Verbindlichkeit des Wortes? Ist hier nicht eine viel größere ökumenische Sensibilität am Platz?

## 3. Was uns erzählt wird

In der gesellschaftlichen und kirchlichen Diskussion über Homosexualität stößt man auf eine Reihe von unbewiesenen Behauptungen, die sich als Fakten ausgeben, sich in

Wirklichkeit jedoch als unzutreffend erweisen. Es sind richtiggehende Mythen, die genauer zu untersuchen es sich lohnt. So wird z.B. behauptet:

*a) Die Zahl der Homosexuellen sei 5–10 Prozent der Bevölkerung*
*Tatsache:* Der Prozentsatz ist weit geringer. Es handelt sich nach neueren Untersuchungen um 1–2 Prozent bei Männern und ca. 1 Prozent bei Frauen. In manchen anderen Kulturen sind die Zahlen noch geringer, da dort die psychosozialen Voraussetzungen anders gelagert sind.

*b) Homosexuelle Gefühle seien unumkehrbar*
*Tatsache:* Es gibt viele Belege für Veränderung homosexuellen Empfindens in der psychologischen Literatur und im Erfahrungsschatz der christlichen Gemeinde.

*c) Wer seine Triebrichtung nicht auslebt, verkümmere als Mensch*
*Tatsache:* Auch bei Verzicht auf ausgelebte Sexualität gibt es erfülltes Menschsein. Sonst wären Mönche, Diakonissen, Alleinerziehende usw. automatisch verkümmerte Existenzen. Ein bewußter Verzicht um eines höheren Ziels willen ist zu allen Zeiten als eine mögliche Lebensform geachtet und geschätzt worden.

*d) Sexualität mache den Menschen erst wirklich zum Menschen*
*Tatsache:* Der Mensch ist mehr als seine Sexualität. Gerade die Kirche sollte nicht vergessen, daß die geistliche Dimension des Menschseins bedeutend ist. Gleiches gilt für die

soziale Einbindung eines Menschen in dauerhafte Lebensstrukturen.

*e) Es käme nur auf das subjektive Gefühl der Liebe an.*
*Tatsache:* Wenn Leben nur noch auf den subjektiven Wünschen des einzelnen aufgebaut ist, kann ein gesellschaftliches Klima entstehen, das im Endeffekt zerstörerisch ist. (Dies sieht man z.B. an den Langzeitauswirkungen einer Scheidung auf die Kinder.) Was der einzelne „fühlt", kann nicht Grundlage von Ethik sein.

*f) Homosexualität sei biologisch bedingt*
*Tatsache:* Das ist nicht erwiesen, sondern bislang nur Theorie, die von vielen Wissenschaftlern, sowohl Medizinern und Humanbiologen, als auch Psychologen und Psychotherapeuten zurückgewiesen wird. Diese Theorie wird gern von manchen (in Medien und anderen gesellschaftlichen Gruppen) als Faktum dargestellt. Man muß aber immer fragen, welcher Zweck durch welche Behauptung erreicht werden soll. Echte Wissenschaftlichkeit bemüht sich um Wahrnehmung aller Fakten.

## 4. Was uns vorenthalten wird

*a) Psychologische Fachinformation über Veränderbarkeit homosexueller Prägungen.* Wie schon erwähnt, gibt es viele Fallbeispiele, die davon berichten.[1]

*b) Die große Zahl der ehemals homosexuell Lebenden und Empfindenden, die durch ihre christliche Glaubensprägung*

[1] Vgl. z.B. Joseph Nicolosi und Gerard van den Aardweg.

*Lebensveränderung erfahren haben.* Auch hierzu finden sich viele Beispiele.[2]

*a) Die vielen homosexuell Lebenden und Empfindenden,* (Christen und andere), *die Veränderung wünschen, weil sie merken, daß der homosexuelle Lebensstil ihr Leben nicht erfüllt.*

*b) Die Wirklichkeit des homosexuellen Lebensstils:*
- Weit verbreitet ist eine hohe Promiskuität - meist mehrere Hundert Sexualpartner, die in dieser Intensität nicht in der Mehrzahl der heterosexuellen Bevölkerung vorkommt.

- Die steigende Tendenz zur Gewalt in der homosexuellen Szene, da immer neue „Kicks" gebraucht werden. Das ist eine bedauernswerte Tendenz, die aber real und auch dokumentiert ist.

- Die weitverbreitete Depressivität und der Alkoholismus auch unter Homosexuellen, die bewußt ihr „Coming out" betrieben haben. Dies zeigt, daß eine gesellschaftliche Annahme allein nicht in der Lage ist, die innerseelischen Zwänge aufzulösen. Gerade in „tolerantem" Umfeld (San Francisco) zeigt sich das (hohe Selbstmordrate).

- Die Unfähigkeit bei vielen zu echter Partnerschaft (relativ geringe Zahl wirklicher Langzeitbeziehungen). Eine genaue Untersuchung zeigt, daß viele Dauerbeziehungen mit dem stillschweigenden Abkommen geführt werden, nebenbei auch noch kurzfristige sexuelle Begegnungen haben zu können („one night stands").

[2] Vgl. vor allem die Erfahrungen der Seelsorgebewegung „Exodus International", zu der an die 100 einzelne Seelsorgedienste in verschiedenen Ländern gehören.

– Die zunehmende Problematik der Sexsüchtigkeit. Diese auch in starkem Maße bei homosexuell praktizierenden beobachtete Entwicklung hat schon dazu geführt, daß es Selbsthilfegruppen („Anonyme Sexsüchtige") gibt, die diese gefährlichen und abhängig machenden Suchtstrukturen zu überwinden versuchen.

– Neurotische Klage und Selbstmitleidsstrukturen als motivierende Faktoren im Leben. Diese Strukturen sind häufig nicht nur im direkt sexuellen Bereich, sondern auch in anderen Lebensbereichen wirksam (Klagesucht, Schuldzuweisung an andere, durchziehendes Unglücklichsein durchbrochen durch gelegentliche intensive „Hochphasen").[3]

– Die tatsächliche Wahrheit über Zusammenhang dieses Lebensstils mit der Verbreitung von AIDS. Auch hier wird viel Augenwischerei betrieben. Leider ist die beschriebene Sexsüchtigkeit eine Hauptursache zur Verbreitung dieser Krankheit unter homosexuell Lebenden.

– Realität der homosexuellen Szene (Saunen, Klappen, Parks, anonymer schneller Sex, Strich, Fisting, Poppers, Kinos usw.). Diese Realität sollte klar ins Auge gefaßt werden, wenn sich die Kirche mit der Absegnung des homosexuellen Lebensstils beschäftigt. Was genau steht zur Debatte?

*c) Die wirklichen Ziele der emanzipatorischen Gruppen:* Was wollen sie im Endeffekt erreichen? Innerhalb der politisch arbeitenden homosexuellen Szene ist ein erklärtes Ziel nicht nur die Anerkennung homosexueller Partnerschaften als mit der Ehe gleichwertig, sondern die Anerkennung eines ganz anderen Lebensstils mit einer „ganz

[3] Vgl. van den Aardweg.

anderen Art Sexualität", die nicht mehr durch die „bürgerlichen Einengungen von traditionellen Ehevorstellungen gebunden sind". Das heißt: Freiheit zur gesellschaftlich und kirchlich abgesegneten Promiskuität. Manche Vertreter der emanzipatorischen Gruppen (auch in der Kirche) zielen noch weiter: Sie fordern Freigabe der Pädophilie und Ganzsexualisierung des Lebens. Was das wiederum für eine neue Generation bedeutet, sollte Verantwortungsträgern klar sein.

## 5. Was nicht angemessen wäre

In der gesamten Diskussion wird darauf zu achten sein, daß ein wirklich offenes Gesprächsklima herrscht und nicht von vornherein Meinungen ins Abseits gedrängt werden. Man sollte sich wehren, wenn versucht wird, kritisches Denken von vornherein auszuschalten oder Nachfragen schon im Vorfeld abzublocken. Ebenso sollten wir uns wehren, wenn versucht wird, zu bewirken, daß wir uns undefiniert schuldig fühlen. Oft wird der Versuch einer Manipulation unternommen. So wird pauschal behauptet, die „Gesellschaft" und die „Kirche" seien am „Elend" der homosexuell Lebenden schuld. Diese allgemeine Schuldzuweisung erscheint psychologisch als das bekannte „Sündenbockphänomen", wo Schuldzuweisungen immer nach außen gerichtet sind. Das ist jedoch eine typische Erscheinungsform der neurotischen Klage und sollte versachlicht werden. Wir sollten uns nicht durch allgemeine Schuldzuweisungen manipulieren lassen, Dinge zu befürworten, hinter denen wir gewissensmäßig nicht stehen können. Ebenso sollten wir als evangelische Christen nicht unsere geistliche Kompetenz abgeben an sogenannte Fachleute. Das hieße doch, daß die Gemeinden und ihre Leitung (Pfarrer, Presbyterien) als Entscheidungsträger entmündigt werden. Doch ist es evangelisches Grundprinzip, daß jeder Christ mit der Bibel in der Hand berechtigt und befähigt ist, sich selbst Urteile zu bilden über das, was mit biblisch geleitetem Leben im Einklang steht und was nicht.

## 6. Was wir statt dessen tun sollten

*a) Das Evangelium als Kraft und Maßstab neu ernst nehmen*
Als evangelische Christen vertrauen wir darauf, daß Gottes Weisungen Hilfen zum Leben sind. Und daß wir, wenn wir in den Bahnen der Heiligen Schrift bleiben, wirkliches Leben finden.

*b) Unsere seelsorgerliche Kompetenz vergrößern*
Durch Schulung und Wahrnehmung der seelsorgerlichen Angebote ist die christliche Gemeinde in der Lage, zu einer heilenden Gemeinschaft zu werden, mittels derer Menschen aus jedem Hintergrund konkrete Schritte in Richtung Lebenserneuerung und Heilung gehen können.

*c) Liebe und Wahrheit beieinander halten*
Gottes Ja zum Sünder und Gottes Nein zur Sünde bedingen einander. Sie gehören zusammen. Das gilt für alle Lebensbereiche, also auch für den Bereich der Sexualität. Dabei ist die Gemeinde gerufen, nicht rechthaberisch, sondern in der Solidarität der Sünder, die Vergebung erfahren haben und deren Leben deshalb neu geworden ist, jeden aufzunehmen und ihn zu dem Gott zu führen, der Weg, Wahrheit und Leben ist.

*a) Auf das Lebenszeugnis ehemals homosexuell lebender Christen hören*

Es gibt viele solcher Christen, die die Erfahrung von 1.Kor 6,11 konkret gemacht haben. Es gibt hilfreiche Modelle, mittels derer Menschen mit homosexuellen Empfindungen bei Schritten der inneren Heilung begleitet werden. Viele sehnen sich nach einer tiefgreifenden Überwindung homosexueller Gefühlsstrukturen, die sie als quälend und einengend erleben. Sie sehen im christlichen Glauben eine Hoffnung auf Lebenserneuerung. Die Hoffnung dieser Menschen darf von der Kirche nicht enttäuscht werden. Sie müssen vielmehr in ihr eine echte geistliche und lebensmäßige Heimat finden und dürfen nicht ausgegrenzt werden.

*b) Die Kraft des Heiligen Geistes erbitten und erfahren:*

Viele Lebenszeugnisse zeigen, daß eine lebendige Christusbeziehung eine echte Basis für Lebensveränderung auch im Bereich der sexuellen Identität geben kann. Wo Gottes Geist erbeten und erfahren wird, geschieht das, was Paulus „eine neue Kreatur“ (2.Kor 5,17) nennt. Das ist nicht nur eine theologische Begrifflichkeit, sondern – in aller Begrenztheit und Gebrochenheit – erfahrbare Realität.

*c) Um unserer Kinder und der Gesellschaft willen bereit sein, als Kirche einen anderen Weg zu gehen als der Zeitgeist diktiert*

Es hat der Kirche noch nie gut getan, ihre Rolle darin zu sehen, nur theologisch zu verbrämen, was die Mehrheitsmeinung der jeweiligen Gesellschaft war. Beispiele aus diesem Jahrhundert zeigen das in aller Deutlichkeit. Leider wird das oft erst im nachhinein klar, während man sich in der jeweiligen Situation immer unter dem Zwang fühlt, endlich „mit der Zeit gehen" zu müssen. Doch eine Kirche, die nur noch dasselbe sagt wie die Gesellschaft um sie herum (und sich dabei modern fühlt), hört auf, Salz und Licht zu sein. Das Evangelium darf nicht als billige Gnade verschleudert werden, sondern ruft uns, wer auch immer wir sind, zur Umkehr. Gerade dabei machen wir die Erfahrung, daß der „schmale Weg" letztlich ins Leben und in die Weite führt, während der „breite Weg" sich als Holzweg erweist, auf dem Leben nicht gelingt.

Die christliche Gemeinde hat von ihrem Herrn Jesus Christus die Vollmacht erhalten, zu binden und zu lösen. Wenn sie diese Vollmacht nicht wahrnimmt oder aufgibt, geschieht das nur zu ihrem eigenen Schaden und zum Schaden der Menschen, zu denen sie gesandt ist.

Wolfhart Pannenberg schreibt dazu: *Wer die Kirche dazu drängt, die Norm ihrer Lehre in dieser Frage zu ändern, muß wissen, daß er die Spaltung der Kirche betreibt. Denn eine Kirche, die sich dazu drängen ließe, homosexuelle Betätigung nicht mehr als Abweichung von der biblischen Norm zu behandeln und homosexuelle Lebensgemeinschaften als eine Form persönlicher Liebesgemeinschaft neben der Ehe anzuerkennen, eine solche Kirche stünde nicht mehr auf dem Boden der Schrift, sondern im Gegensatz zu deren einmütigem Zeugnis. Eine Kirche, die einen solchen Schritt tut, hätte darum aufgehört, evangelische Kirche in der Nachfolge der lutherischen Reformation zu sein.*

## B. Homosexualität und Lebenserneuerung

Gibt es begründete Hoffnung auf eine Lebensveränderung für homosexuell empfindende und lebende Menschen? Ich denke ja. Im folgenden will ich Einsichten und Erfahrungen aus der seelsorgerlichen Begleitung homosexueller Menschen weitergeben. Zuerst einige Szenen:

## 1. Facetten homosexuellen Erlebens

Ein Anruf. Ein junger Mann sucht Rat. Er hat eine Beziehung zu einem Mädchen angefangen, kann sich aber nicht ganz auf sie einlassen, weil er auch erotische Wünsche in Richtung auf andere Männer hat. Seine Frage: Bin ich homosexuell? Oder geht diese Phase vorüber? Was kann ich tun?

Ein christlicher Leiter kommt zum seelsorgerlichen Gespräch. Er wird von einem jungen Mann in seiner Gemeinde sehr stark emotionell angesprochen. Der scheint sein Interesse zu erwidern. Oder bildet er sich das nur ein? Wie soll er sich verhalten? Ihm aus dem Weg gehen, damit es nicht zu einer sexuellen Beziehung kommt?

Ein anderer berichtet, daß er von seiner Pornographiesucht nicht loskommt. Jedesmal, wenn er an bestimmten Shops vorbeikommt, fühlt er den Zwang, hineinzugehen und dort seine Phantasie immer neu mit irrealen Bildern zu füllen. Das macht ihn aber nicht glücklich oder ruhig, sondern eher depressiv und schafft immer neu ein schier unstillbares Verlangen nach weiterer Stimulation.

Eine junge Frau kommt zur Beratung. Nach mehreren Gesprächen und Gebet um innere Heilung wird deutlich, was sie lange verdrängt und im Unterbewußtsein vergraben hat: Ein Onkel hat sie über mehrere Jahre hinweg regelmäßig sexuell mißbraucht. Diese für sie furchtbare Kindheitserfahrung hat eine grundlegende Blockade gegenüber Männern in ihr aufgebaut. So flieht sie in die Arme einer bergenden Frau, die sie mütterlich schützen soll, so wie ihre Mutter es hätte tun sollen, aber nie tat.

Ein Mann hat Probleme beim Beten und Bibellesen. Immer, wenn er sich Zeit dafür nehmen will, tauchen phallische Bilder vor seinem inneren Auge auf, die ihn bedrängen, so daß er gar nicht mehr beten will.

Ein Pfarrer ruft mich an. Bei ihm ist die Diagnose AIDS bekannt geworden. Sein ganzes Weltbild bricht zusammen. Lange Jahre hat er bewußt homosexuell gelebt und um die Anerkennung der Homosexualität in der Kirche gekämpft. Jetzt bewegen ihn andere Fragen, auf die er in seinem Freundeskreis und den Aktionsgruppen keine Antworten findet. Er will wieder beten lernen, wie er mir sagt. Er sucht eine christliche Lebensgemeinschaft, in der er die letzten Jahre seines Lebens verbringen kann. Ich kann ihm das vermitteln. Doch er kommt nicht mehr dazu. Ein Klinikaufenthalt wird sein letzter.

Eine andere Begegnung: Bei einer Veranstaltung kommt eine Frau tränenüberströmt auf mich zu. Nach vielen Ehejahren und mehreren Kindern ist ihr Mann jetzt ausgezogen und mit einem anderen Mann zusammengezogen. Sie hat ihm noch die Wohnung eingerichtet. In der Beratungsstelle wurde ihm geraten, „endlich ehrlich" zu sein und seine Frau zu verlassen. Sie macht sich Vorwürfe: Hat ihre Unterleibsoperation dazu geführt, daß sie ihn nicht mehr befriedigen kann? Liegt die Schuld für die Entzweiung bei ihr?

Die Beispiele ließen sich endlos vermehren. Sie zeigen etwas von der Vielschichtigkeit der Fragen, die keine einfachen Antworten vertragen.

## 2. Zur Entstehung homosexueller Gefühle

### *a) Nicht angeboren, sondern erworben*

Entgegen manchen jüngsten Berichten in der Presse, es wäre nun der wissenschaftliche Beweis erbracht, daß Homosexualität genetisch bedingt, also angeboren sei, halte ich nach wie vor dafür, daß die Entstehung von homosexuellen Gefühlen psychologisch erklärbar ist. Und daß wir deshalb von einer nachgeburtlichen Erwerbung bzw. Entstehung homosexueller Gefühle ausgehen müssen. Die angeblichen wissenschaftlichen Ergebnisse sind in Fachkreisen äußerst umstritten.[4] Als Nebengedanke sei folgendes

[4] Grob gesprochen gibt es drei neuere Versuche, Homosexualität vorgeburtlich zu erklären. Zum einen den Versuch von Prof. Dörner, Berlin, der vor einigen Jahren Hormonexperimente an männlichen Ratten durchführte. Er injizierte ihnen große Mengen Östrogen (weibliche Hormone), wodurch die Tiere zeugungsunfähig bzw. -unlustig wurden und sich abnormal verhielten. Diese empirische Beobachtung übertrug Dörner nun auf den Menschen und meinte, daß ein durch Streß hervorgerufener erhöhter Östrogen-Ausstoß der Mutter während der Schwangerschaft den entstehenden männlichen Fötus zur Homosexualität vordisponiere. Diese unbewiesene These (die auf einem Analogieschluß basiert) wurde jedoch im Westen stark kritisiert. Der zweite Versuch wurde vor kurzem in Kalifornien (Stanford University) unternommen durch Untersuchung der Hypophyse (Hirn-Anhangdrüse) verstorbener Männer und Frauen. Die Untersuchung ergab, daß die als homosexuell angesehenen Männer offensichtlich größere Hypophysen hatten als die nichthomosexuellen. Die Hypophyse von Frauen ist größer als die von Männern. Daraus folgte der Schluß einer genetischen Bedingtheit von Homosexualität. Die Untersuchung ist jedoch vielfach angefochten worden, vor allem aus zwei Gründen. 1. Es ist gar nicht klar, wer in der Testgruppe wirklich homosexuell war und wer nicht. Ebenso ist von der „Kontrollgruppe" nicht eindeutig belegt, daß sich keine homosexuell Lebenden in ihr vorfanden. 2. Alle untersuchten Individuen waren an AIDS gestorben. Nun ist es durchaus möglich, daß diese Krankheit auch Auswirkungen auf die Größe der Hypophyse hat. Ein weiterer Grund zur Vorsicht in der Auswertung der Ergebnisse ist dieser: Es ist noch nicht systematisch untersucht, aber durchaus

gesagt: Selbst wenn eines Tages bewiesen werden könnte, daß homosexuelles Empfinden dergestalt genetische Ursachen hat, daß ein Mensch zwangsläufig homosexuell fühlen muß, würde das noch nicht automatisch die biblische Ethik über den Haufen werfen. Daß etwas im Menschen angelegt ist, bedeutet noch nicht, daß es ethisch neutral oder gut ist. Vielmehr müßte man in diesem Fall immer noch fragen, wie wir uns angesichts der biblischen Offenbarung verhalten sollten. Der Sündenfall des Menschen hat sicher auch überpersonale Dimensionen. Daß etwas von den Vorfahren her im Menschen ist, enthebt ihn nicht der moralischen Verpflichtung, seine eigenen Lebensentscheidungen zu verantworten und im konkreten Fall nach Richtig und Falsch zu fragen.[5]

Die These von der angeborenen Homosexualität ist weit entfernt davon, bewiesen zu sein. Vielmehr deutet alles darauf hin, daß homosexuelle Gefühle erworben sind, also daß sie im Laufe der Lebensgeschichte entstanden

möglich und vielfach vermutet, daß ein homosexueller Lebensstil (besonders bei extremen Praktiken, poppers usw.) auch Auswirkungen auf die somatische Verfaßtheit eines Menschen hat. Der neue Versuch, eine Neigung zur Homosexualität auf dem Genstrang nachzuweisen, ist ebenso nicht gelungen. Dean Hamer, der diese Theorie publiziert hat, formuliert sehr vorsichtig: „Es könnte sein, daß sich in diesem Gen-Abschnitt eine Prädisposition zur Homosexualität befindet." Sein Ergebnis traf jedoch nur auf einen Teil der Homosexuellen zu. Außerdem, und das ist schwerwiegender, wurde nicht der Gegenversuch bei Heterosexuellen unternommen. Wir befinden uns hier also auf wissenschaftlich sehr unsicherem Boden.

5 Darüber hinaus hat die „Vererbungstheorie" mit dem Problem einer inneren Unwahrscheinlichkeit zu kämpfen. Denn ein „homosexuelles Gen" hätte sich im Lauf der Menschheitsgeschichte nach den Regeln der Wahrscheinlichkeit selbst herausselektiert. Das heißt, die Menschen mit einem solchen Gen (wenn es das denn gäbe) müßten immer weniger werden. Die Beobachtung stützt jedoch eine solche Annahme nicht.

sind. Das bedeutet nun aber nicht, daß der Betreffende diese Gefühle bewußt gewählt hat. Ebensowenig bedeutet es eine einfache Verführungstheorie, so wie sie früher oft angenommen und vertreten wurde. Gleichwohl kann es auch echte Verführungen geben, besonders dann, wenn ein Junge, der nie väterliche Annahme erfahren hat, in der Pubertät zum ersten Mal von einem Mann Aufmerksamkeit und Zärtlichkeit erfährt, die dann sexuell ausgedrückt wird. Doch ist dies ein komplexes Geschehen, das durch die psychosoziale Familien- und Gesamtlebensstruktur vorbereitet worden ist. Homosexuelle Gefühle sind erworben, nicht angeboren. Sie sind nicht genetisch determiniert. Klare psychologische Prozesse lassen sich in zahllosen Lebensgeschichten nachweisen, die zu homosexuellen Wünschen führen. Im folgenden geht es um Homosexualität bei Männern. Grundlegend dafür ist die Familienkonstellation (dysfunktionale Familie) und besonders die Rolle des Vaters. Der Vater wird vom heranwachsenden Jungen als distanziert, tyrannisch, uninteressiert, schwach oder kalt erlebt. Oder er ist einfach abwesend. Die mannmännliche Identitätsweitergabe vom Vater zum Sohn ist gestört. Das so entstehende Vakuum wird zu einer inneren Wunde, die nach Heilung schreit.

Ebenso führen psychosoziale Konflikte im Zusammensein mit gleichgeschlechtlichen Altersgenossen häufig zu einer Isolation und Entfremdung. Minderwertigkeitsgefühle aufgrund körperlicher Dinge (z.B. Asthma, Krankheiten, Selbstsicht als zu klein und schwach oder zu dick und unsportlich usw.) führen zu einer mangelhaften Identifikation mit den anderen Jungen. Das Außenseiterdasein, oft verstärkt und festgeschrieben durch Hänseleien, Ablehnung usw., führt zu einer negativen Selbstsicht, besonders in bezug auf „typisch männliche“ Eigenschaften.

Selbstmitleid und weitere Verletzungen führen in einen Teufelskreis. Hier ist oft intensives inneres Leiden, das sich in Klagen ausdrückt: „Ich bin anders als die anderen! Ich habe keinen Freund! Wenn ich doch nur von den anderen angenommen wäre! Wenn ich ihnen doch nur nahe wäre! Wenn doch nur jener mein Freund wäre!" Auf dem Hintergrund wird verständlich, daß andere Männer idealisiert werden. Die in der Pubertät neu erwachenden erotischen Impulse werden auf diese Idealmänner gerichtet. Die mann-männliche Identifikation wird nicht mehr auf dem Weg der Integration („Ich bin auch ein Mann wie mein Vater und die anderen Jungen!"), sondern nur noch auf dem der Partizipation („Wenn ich den idealen Freund für mich habe, bin ich glücklich!") gesucht. Diese Suche bleibt aber tragischerweise ewig unerfüllt, auch innerhalb von homosexuellen Männerbeziehungen, da der innerseelische Grundkonflikt auf diese Weise nicht gelöst wird. Vielmehr wird er immer neu wiederholt und festgeschrieben. Einsamkeitsgefühle und Depressionen sind daher oft große Probleme homosexuell empfindender Männer.

*b) Symptome einer Identitätskrise*

Aus dem bisher gesagten ergibt sich folgendes Bild der Entstehung von homosexuellen Gefühlen[6]: Homosexuelle Gefühle sind Symptome einer tieferliegenden Identitätskrise. Sie sind Ausdruck, nicht Ursache einer Störung. Sie sind nicht bewußt gewählt oder gewollt, sondern der Versuch, eine Persönlichkeitsstörung zu überwinden. Um Homosexualität zu verstehen, müssen wir die verursachenden Faktoren verstehen. Grob gesprochen gab es bei

[6] Im folgenden spreche ich vor allem über männliche Homosexualität, wobei vieles *mutatis mutandis* auf Frauen anzuwenden ist.

homosexuell empfindenden Männern Störungen vor allem in zwei Bereichen: a) In der Vater-Sohn-Beziehung und b) in der Junge-Jungen-Beziehung.

*c) Gestörte Beziehung zum Vater*

Bei vielen später homosexuell fühlenden Männern ist die Vaterbeziehung in Kindheit und Pubertät stark gestört. Es gelingt nicht oder nur sehr bruchstückhaft, eine positive Identitätsbrücke (bonding) vom Vater zum Sohn herzustellen. Der Vater ist entweder abwesend (beruflich überbelastet, von der Mutter geschieden o.ä.), am Jungen uninteressiert, schwach oder auch in anderen Fällen tyrannisch und übermäßig autoritär. Auf jeden Fall aber kein Vorbild und emotional vom Sohn geschieden. Für eine gesunde Entwicklung der geschlechtsspezifischen Identität ist es aber notwendig, daß der heranwachsende Junge in eine positive emotionale Beziehung zu seinem Vater tritt. „Vater ist Lokomotivführer, wenn ich groß bin, will ich auch Lokomotivführer werden." Und vom Vater her: „Du bist mein Sohn. Ich habe dich lieb. Du und ich, wir Männer, wir schaffen das schon!" Dieses „bonding" ist so wichtig, weil der Vater (oder ein bedeutsamer Vaterersatz) der „primäre" Mann im Leben des Heranwachsenden ist. Er gibt das Ur-Paradigma dafür ab, was Männlichkeit bedeutet. Die Einstellung und Beziehungsstruktur, die hier eingeübt und aufgebaut wird, ist für das ganze weitere Leben konstitutiv. Nun ist in unserer Gesellschaft allgemein aufgrund vieler Entwicklungen die Vaterbeziehung äußerst problematisch. Viele, die heute Vater sein sollen, haben selbst nie Vaterschaft erlebt. In ihrer Gefühlskälte sind sie unfähig, ihren Söhnen die mann-männliche Wärme und Geborgenheit zu vermitteln, die nötig wäre, um die männliche Identität zu entwickeln und zu stärken. Gerade in den entscheidenden Jahren sind viele abwesend und überlassen die Erziehung der Kinder ihren Frauen. Im Fall eines später homosexuell fühlenden Mannes ist jedoch diese Vater-Beziehung häufig besonders beeinträchtigt. Manchmal geht die Störung nicht vom Vater aus, sondern vom Sohn, der aus irgendeinem Grund den Vater grundlegend ablehnt (z.B. weil die Mutter ihn ganz gegen den Vater eingenommen und in einer Ehekrise für ihre Seite gewonnen hat). Häufig geht aber die Ablehnung ganz vom Vater aus, der sich ein bestimmtes Bild vom Sohn gemacht hat, dem dieser nicht entspricht.[7] Kommt zur gestörten Vaterbeziehung noch eine besonders intensive Mutterbeziehung hinzu (so daß der Junge sich emotional gegen den Vater mit der Mutter verbündet und allgemein auf die Seite der Frauen gegen die Männer stellt, sich also emotional mit dem Gegengeschlecht identifiziert), wird es für ihn doppelt schwer, sich als Junge unter Jungen zu sehen und zu behaupten.

*d) Eingeschränkte Integration und Identifikation mit Gleichgeschlechtlichen*

Damit sind wir bei der zweiten Störung. Diese ist oft durch die erste mitbedingt, ist aber in vielen Fällen zumindest genauso entscheidend. Denn es ist sehr wohl möglich, einen mangelhaften Identitätserwerb aus der Vaterbeziehung durch andere Ersatzbeziehungen auszugleichen. Gelingt es dem Jungen, trotz einer negativen Vaterbeziehung die Selbstsicht zu gewinnen: „Ich bin ein Junge wie alle anderen, ich bin ein Mann unter Männern!“, so kann er auch eine große Störung in der Vaterbeziehung zumindest teilweise neutralisieren. In vielen Fällen sind aber noch andere

[7] Es ist aus Raumgründen nicht möglich, ausführliche Fallbeispiele zu geben. Vgl. jedoch neben Aardweg und Nicolosi auch Leanne Payne.

Faktoren wirksam geworden. Überbehütung durch die Mutter („Du darfst nicht raus zum Spielen, sonst erkältest du dich!") oder eine behindernde Krankheit (wie z.B. Asthma) stempeln einen Jungen oft schon früh zum Außenseiter unter seinen Altersgenossen (Feigling, Muttersöhnchen usw.). Die Hänseleien, die viele ertragen (bis hin zur regelmäßigen Tracht Prügel auf dem Schulweg) lassen ein Gefühl des Nichtdazugehörens entstehen. „Ich bin anders als die anderen!" Solche Strukturen verstärken sich oft wie ein tückischer Kreislauf. In einer bestimmten Phase (Vorpubertät und Pubertät) sind zwei Faktoren besonders wichtig, um in der Jungenwelt anerkannt zu werden: Körperliche Eigenschaften (Sport, Größe, Stärke usw.) sowie Mut (Draufgängertum, Waghalsigkeit). In dieser Phase des Sich-aneinander-Messens wird das Wir-Gefühl aufgebaut. Mädchen wie Jungen finden das jeweils andere Geschlecht „doof". Im Zusammenrücken mit den Gleichgeschlechtlichen „tanken" die Heranwachsenden quasi ihre geschlechtspezifische Energie.[8] Wenn nun ein Junge schon aufgrund einer funktional gestörten Familiensituation in seinem mann-männlichen Identitätserwerb beeinträchtigt ist, ist er in seinem Start in die Miniatur-Männerwelt der

[8] Eine Nebenbemerkung: In traditionellen afrikanischen Gesellschaften organisieren sich die Jungen bzw. Mädchen in dieser Phase in sogenannten Altersklassen, in denen sie nur unter sich sind (oft unter Anleitung älterer Männer bzw. Frauen) und das lernen, was für sie, für ihr Leben und ihre Aufgaben als Erwachsene notwendig ist. Es ist auffällig, daß in solchen noch intakten Gesellschaften Homosexualität sehr selten ist bzw. gar nicht vorkommt. (Eine Ausnahme bilden schamanistische Praktiken in Nordasien und Amerika, die aber einen anderen Hintergrund und Sinn haben.) So erzählte mir ein Freund, der als Missionarskind unter Indianern in Brasilien aufgewachsen ist, daß bei der Bibelübersetzung in ihre Sprache erst erklärt werden mußte, worum es sich bei homosexuellen Praktiken handelt, da solches in dem Stamm völlig unbekannt war.

gleichaltrigen Jungen von Anfang an benachteiligt. Oft gibt er relativ schnell auf und verweigert sich aus Angst vor Versagen jedem Kräftemessen (wie z.B. im Sport). So wird er wieder zum Außenseiter, anders gesagt zum Zuschauer, der eigentlich gern mitmachen möchte, es sich selbst aber nicht zutraut. Er sehnt sich danach, einfach einer von den Jungen zu sein, einfach dabei zu sein, kann es aber nicht, weil er sich selbst ausschließt oder ausgeschlossen wird. Dies wird als echtes Leiden erfahren und erklärt, neben der oft intensiven frühkindlichen traumatischen Erfahrung der Ablehnung durch den Vater, die Depressionsneigung vieler später homosexuell empfindender Männer. Die negative Selbstsicht als minderwertig in bezug auf spezifisch männliche Eigenschaften führt häufig zu einer andauernden inneren Klagestruktur, die zu einer grundlegenden Problematik des erwachsenen homosexuellen Menschen werden kann. Aus dem Gesagten wird verständlich, daß Selbstmitleid und eine negative Selbstsicht (besonders von sich als Mann) zu einer großen Beeinträchtigung des seelischen Wohlbefindens führen können. Wo ist nun die Lösung?

*e) Idealisierung und Wunsch nach Kontakt mit Männern*

Während andere heranwachsende junge Männer, die natürlich auch ihre Probleme beim Erwachsenwerden haben, im Bereich ihrer grundlegenden Selbstsicht als Männer im Laufe der Jahre ihre männliche Identität (Selbstsicht) immer mehr stärken können, zieht sich diese Problematik beim später homosexuell empfindenden Mann durch. Er will eigentlich zur spezifisch männlichen Identität durchbrechen, wird darin aber durch seine bisherige psychische Entwicklung behindert. Es scheint ihm unmöglich (und oft auch aufgrund der negativen Erlebnisse mit Vater und anderen Repräsentanten der Männerwelt nicht wünschenswert), ganz einzutauchen und Mann unter Männern zu werden. Doch die Aufgabe und der Wunsch bleibt, *Männlichkeit zentral zu berühren.* Statt des Weges der Integration (Verinnerlichung: „Das Männliche, das bin ich selbst, es ist in mir!") sieht er für sich nur den Weg der Partizipation (Teilhabe: „Das Männliche, das ich im anderen sehe, möchte ich anfassen, berühren und so in mich aufnehmen"). So wird der homosexuelle Wunsch geboren: Genährt aus einer negativen Selbstsicht und traumatischen Erfahrungen und angetrieben durch die Idealisierung von anderen Männern, die all das „haben" und darstellen, was man selbst nicht ist, sind homosexuelle Wünsche im eigentlichen der Versuch, mit Männlichkeit in Berührung zu kommen. Sie sind im tiefsten der Versuch einer Selbstheilung. Deshalb werden sie von homosexuell empfindenden Männern auch als so „natürlich" erfahren. Deshalb löst jedes Reden von Veränderung oder gar von „Heilung" oft viel Angst und Aggression aus. Wenn mir das genommen wird, was habe ich dann noch? In manchen mir bekannten Fällen geschah nun folgendes: Nach einer sehr gestörten Vaterbeziehung und Isolation von Geschlechtsgenossen interessierte sich ein Erwachsener intensiv, auch sexuell, für den Jugendlichen. Die erste wirkliche Annahme durch einen erwachsenen Mann wurde sexuell ausgedrückt. Daß es später schwer ist, Annahme, Freundschaft und Wärme nicht immer sexuell zu interpretieren, liegt auf der Hand.

### *f) Eine endlose Suche*

Nun liegt die tiefste Tragik darin, daß auf dem Weg praktizierter Homosexualität letztlich das doch nicht zu finden ist, was man eigentlich sucht. Denn jede sexuelle Begegnung mit einem anderen Mann, so befriedigend sie auch erfahren werden mag, schafft es nicht, die innere Leere auszufüllen bzw. männliche Energie zentral zu integrieren. So bleibt nach jeder Begegnung immer noch die Suche. Und genau diese ständige Suche kennzeichnet das Leben homosexuell empfindender Männer. Solange der innere Konflikt nicht gelöst ist, bleiben die Mechanismen von negativer Selbstsicht, Selbstbeklagung, spezifischen Minderwertigkeitsgefühlen und unaufhörlicher Sehnsucht nach männlicher Annahme und Wärme aktiv. Und solange werden auch starke homosexuelle Wünsche als Selbstheilungsversuche aktiv sein.

Das bislang Gesagte ist nur eine sehr grobe Übersicht. Manche Faktoren (wie frühkindlicher Mißbrauch, negative Prägeworte, Kindheitsschwüre usw.) konnten nicht erwähnt werden. Bei homosexuell empfindenden Frauen ist häufig sexueller Mißbrauch durch einen Mann (meist aus der Familie oder Bekanntschaft) eine traumatische Erfahrung, die zur Angst (Ekel) und Flucht vor männlicher Sexualität, die als brutal und übermächtig empfunden wird, führen kann, aber in anderen Fällen auch zur Selbstverachtung und psychologischen Abhängigkeit von Männern. Hier liegen häufig tiefe seelische Verwundungen vor, die vielfach verdrängt und unterdrückt sind, weil es viel zu schmerzhaft wäre, sie ins Bewußtsein kommen zu lassen. So sind homosexuelle Gefühle bei Frauen oft primär Ausdruck der Schutz- und Geborgenheitssuche. Auch hier ist in den meisten Fällen eine dysfunktionale Familie Grundlage für vielfältige Konfliktbereiche. Ähnlich wie bei Männern haben viele Faktoren zu einem gestörten Selbstbild und einer mangelhaften Identifikation mit dem gleichen Geschlecht geführt.

## 3. Schritte der Überwindung

Mögliche innere Bewältigungsschritte ergeben sich folgerichtig aus dem Dargestellten. Es geht nicht zuerst um Veränderung der homosexuellen Gefühle, sondern um Aufarbeitung der inneren, oft sehr schmerzhaft empfundenen Problematik. Wichtig ist dabei die Eigenmotivation des Ratsuchenden. Diese kann teilweise sehr geschwächt sein aufgrund von Versagensängsten und mangelnder Unterstützung der Umwelt („Es hat ja doch keinen Zweck, ich schaffe das sowieso nicht!"), ist oft aber auch gestärkt aufgrund der inneren Erkenntnis, daß der bisherige Weg nicht wirklich zur Erfüllung führt.

Aus Raumgründen können wichtige Schritte nur skizzenhaft dargestellt werden: Grundlegend ist die Selbstannahme als Mann oder als Frau. Die negative Selbstsicht („Ich bin minderwertig, schmutzig usw.") muß durchbrochen werden. Eine positive Selbstsicht muß erlernt und eingeübt werden („Es ist gut, daß ich von Gott als Mann (bzw. Frau) geschaffen bin!" vgl. Ps 139). Statt ständiger Beklagungen und Schuldzuweisungen auf die Außenwelt gilt es, unreife Gedanken- und Gefühlsstrukturen als solche zu erkennen und Stück für Stück abzubauen. Ein Prozeß in Richtung Reifung und Übernahme von Verantwortung für das eigene Leben muß in Gang gesetzt und gehalten werden. Alles, was die grundlegende geschlechtsspezifische Identitätswerdung verunmöglichen will, soll nacheinander ans Licht kommen und vor Gott überwunden werden.

Einige notwendige Schritte sind dabei:

– *Erkennen* (Analyse: „Was ist Grund der Störung? Wie wirkt sie sich aus? Welche konkreten Ereignisse haben mich negativ geprägt, verwundet, festgelegt? Wie war das Verhältnis zu Vater, Mutter, Freunden?"),

– *Umkehr* (Akzeptanz der gottgegebenen Wirklichkeiten, Rücknahme selbstzerstörerischer Kindheitsschwüre usw.),

– *Heilung konkreter Verletzungen und Kränkungen der Seele* (Gottes Wahrheit und Licht auf diese Dinge lassen),

– *Vergebung und Versöhnung* („Ich beschließe, von Herzen allen zu vergeben, die mich gekränkt haben." – Das ist ein Prozeß!),

– *Entscheidung* („Ich entschließe mich, in der Gegenwart das Rechte zu tun und von allen falschen und selbstzerstörerischen Handlungen und Einstellungen abzusehen." – auch das ein Prozeß),

– *Neuorientierung des Denkens* („Was ist wahr? Was entspricht dem guten Willen Gottes? Was soll jetzt mein Leben prägen?").

Wenn ein Mensch in einer Atmosphäre echter Annahme und Liebe auf dem Boden des Evangeliums solche Schritte tut, wird auch in der Gefühlsstruktur einiges in eine positive Bewegung kommen. Das Gefühl ist das Konservativste im Menschen – es ändert sich zuletzt. Aber der Mensch ist durch die Gnade Gottes in der Lage, das Richtige zu tun (Freiheit von Zwanghaftigkeiten) und *im neuen Tun ein neues Sein zu entdecken.* Basis für eine Neuorientierung ist 1.Kor 6,11: „*Solche sind einige von euch gewesen, nun aber* (dreimaliges αλλά) *seid ihr abgewaschen, gereinigt und gerecht gesprochen durch den Namen des Herrn Jesus* (Eingliederung in Christus, neue Existenzbegründung) *und den Geist unseres Gottes* (fortlaufendes Werk der Heiligung und Erneuerung). "

Hier ist viel Unterstützung und Ermutigung notwendig. Aber auch immer neu die Bereitschaft zur Umkehr (Abkehr von alten Denk- und Handlungsmustern) und

Ehrlichkeit mit sich selbst. Zuerst ist nicht die Aufnahme einer gegengeschlechtlichen Beziehung angesagt, sondern zu lernen, Mann unter Männern zu sein (ohne Minderwertigkeitsgefühle), bzw. (für die Frau) in der weiblichen Identität zu ruhen.

Die innere Klage muß überwunden werden. Das kann lange Zeit in Anspruch nehmen. Aber es ist möglich. Erst dann kann auch aus einer Position der Identitätsstärke das andere Geschlecht neu (vielleicht erstmalig) entdeckt und wertgeschätzt werden. Spontane, sporadische Verliebtheit in einen Menschen des anderen Geschlechts taucht in dieser Phase häufig auf und zeigt, daß die „Nachreifung" voranschreitet. Allerdings sind das erst Anfänge einer gesundeten, geheilten Geschlechtsidentität, die nicht überfordert werden dürfen. Was in Jahren geworden ist, kann meist nicht in wenigen Wochen anders werden. Nüchternheit und Geduld sind notwendig, um nicht an falschen Erwartungen zu scheitern.

## 4. Was seelsorgerlich geboten ist

### *a) Unsere seelsorgerliche Verantwortung erkennen*

Aus dem Gesagten wird die große Bedeutung der seelsorgerlichen Begleitung deutlich. Störungen im Bereich der Geschlechtsidentität sind sehr tiefgehend. Oberflächliche Seelsorge hilft nicht weiter. Aber auch nicht ein billiges Festschreiben in dem, was ist. Die Zahl derer, die Veränderung wollen, ist weitaus höher, als oft angenommen. Hier kann sich die kirchliche Seelsorge nicht entziehen, ohne tiefgreifend an Menschen schuldig zu werden. Viele leiden stark an ihren inneren Zwanghaftigkeiten und wollen psychisch weiterkommen. Sie sollten nicht einfach mit einem billigen: „Du mußt das einfach akzeptieren, daß du so bist! Es gibt keine begründete Hoffnung auf Veränderung!" abgespeist werden. Auch eine sogenannte christliche Seelsorge, die zum Verlassen von Frau und Kindern rät und teilweise drängt, ist vor der Bibel nicht zu verantworten.

*b) In einen Prozeß der Seelsorge eintreten*

Doch es gibt keine leichten Antworten. Seelsorge ist immer ein Prozeß, ein Suchen, ein Zusammenspiel aus Scheitern und Gelingen. Grundlegend gilt: Liebe, Annahme, Ermutigung müssen immer wieder vermittelt werden, zusammen mit dem Ernstnehmen der biblischen Weisungen, die letztlich Hilfen zum Leben sind. Es wäre gut, wenn in unseren Gemeinden (wie in Korinth, vgl. 1.Kor 6,9–11) solche Offenheit herrschte, daß jeder auch in seiner Schwachheit bekannt ist. Wenn die ganze Gemeinde diese Aufgabe nicht tragen kann, so sind zwei seelsorgerliche Strukturen wichtig:

Einmal die *persönliche Begleitung* mit Möglichkeit zur Beichte, wirklicher Offenheit, Ausdauer, echtem Interesse am Menschen als langfristige freundschaftliche Hilfe, und zweitens die *kleine Gruppe,* in der Geborgenheit und Annahme erfahren wird. Beide Elemente sind komplementär. Bei der Überwindung von Zwanghaftigkeiten (Sexsucht) ist eine *Beichtverpflichtung* als Hilfe unerläßlich (1.Joh 1,7–9). Nur in der seelsorgerlichen Einordnung ist die Möglichkeit, Kraft gegen die klassischen gegen Gottes guten Willen stehenden Mächte „Fleisch, Welt und Teufel" zu finden. Keiner muß hier allein stehen.

Seelsorge braucht den langen Atem. Der Seelsorger muß aber auch den nötigen Abstand zum Hilfesuchenden haben. Er darf sich nicht manipulieren oder für das Leben des anderen verantwortlich machen lassen. In meiner seelsorgerlichen Erfahrung habe ich viele gesehen, die aus homosexuellen Gefühls- und Lebensstrukturen herausgefunden haben, und damit zu größerer Freude, Gelassenheit und innerer Ruhe. Manche haben den Prozeß aber auch abgebrochen, sie haben „aufgegeben" im Gefühl, daß der „Kampf" zu schwer ist. Dennoch bin ich großer Hoffnung. Wenn wir als Gemeinde Jesu die Kraftquellen der Seelsorge, die Wahrheit des Wortes Gottes, die Kraft des Heiligen Geistes und die Heilung, die in einer offenen Gemeinschaft liegen, neu entdecken und nutzen, ist hier für den einzelnen homosexuell empfindenden Menschen eine echte Lebensalternative. Gerade im Zeitalter von AIDS wird die Dringlichkeit echter Seelsorge deutlich. Seelsorge muß und kann den ganzen Menschen meinen.[9]

*c) Seelsorgerliche Begleitung ist unabdingbar*

Der Weg, alte Lebensstrukturen hinter sich zu lassen und neue einzuüben, ist nicht leicht. Wir sollten in Geduld und in der Solidarität der Sünder unserem christlichen Bruder (und Schwester) mit Gebet, Ermutigung, Gemeinschaft und ganzheitlicher Annahme zur Seite stehen. Die ganze Gemeinde ist hier gefragt, nicht nur besondere Seelsorger. Je offener und ehrlicher wir miteinander umgehen und die Last des anderen tragen, um so mehr Erfahrungen der verändernden Kraft und Liebe Gottes werden wir machen. Glaube, Liebe und Hoffnung werden auch in diesem für viele so notvollen Gebiet nicht ins Leere greifen.

[9] Ich verweise hier auf die in der Aufbauphase befindliche Arbeit des Christlichen AIDS-Hilfsdiensts, Sitz Frankfurt/M.

*d) Lebenserneuerung ist möglich*

Das ist die Zusage, die wir geben können und sollten: „Du kannst von Zwanghaftigkeiten, Suchtstrukturen und falschen Konfliktlösungsversuchen befreit werden. Du kannst Kraft und Frieden erfahren. Du mußt nicht perfekt sein. Aber du bist auf einen neuen Weg gerufen!" Das übereinstimmende biblische Zeugnis, das den Rahmen für den Ausdruck der Sexualität in der Ehe eines Mannes und einer Frau angibt und homosexuelle Handlungen als dem Willen Gottes nicht gemäß bezeichnet, ist ein Wegweiser in die Richtung, in der Gottes Segen liegt.

Abschließend möchte ich zweierlei unterstreichen:

*e) Keine festschreibenden Etikettierungen!*

Es ist nicht hilfreich, jemanden als „Homosexuellen" zu bezeichnen. Ein Mensch ist mehr als seine Sexualität. Die grundlegende Identitätsbeschreibung unseres Lebens liegt tiefer. Unsere sexuellen Gefühle sind ein Teilbereich des Lebens, nicht Zentrum. Sie sind nicht adäquat, um eine Identitätsbeschreibung zu umreißen. Keiner sollte sich so eingeengt definieren. Der Mensch ist mehr. Und er ist ständig in einem Prozeß der Veränderung und Erneuerung. Die Zukunft ist offen.

*f) Seelsorgerliche Annahme statt Ausgrenzung!*

Hier setzt unsere Verantwortung als Christen ein. Wir sind Botschafter Christi, des Versöhners. Unsere Botschaft sollte seine Annahme und Zuwendung zu jedem Menschen widerspiegeln. Unser Ansatz ist positiv: Gott ist für dich! Es gibt keine Verdammnis für die, die in Jesus Christus sind (Röm 8). Unsere Botschaft ist: Gott will dir begegnen, gerade auch in den Gebieten deiner tiefsten Verwundungen und Enttäuschungen. In der Begegnung mit ihm kann auch Heilung in den Tiefenschichten deiner Persönlichkeit geschehen. Die Kraft des Heiligen Geistes kann dich erneuern. Diese Zusage gilt für jeden, auch für homosexuell empfindende Menschen.

Das übereinstimmende biblische Zeugnis ist ein Wegweiser in die Richtung, in der Gottes Segen liegt. Der Segen Gottes ist eine reale Größe. Er kann etwas segnen und mehren, das nicht in unserer Macht liegt.[10]

[10] Weiterführende Literatur:
Gerard van den Aardweg: Das Drama des gewöhnlichen Homosexuellen, Hänssler 1985. 2. Auflage 1992.
Leanne Payne: Das zerbrochene Bild. Editions Trobisch 1987.
Leanne Payne: Krise der Männlichkeit. Aussaat 1991.
Roland Werner: Homosexualität und Seelsorge. Brendow Verlag 1993.
Joseph Nicolosi: Homosexualität und Überwindung. 8 Lebensbeschreibungen (Werkausgabe Offensive Junger Christen, Reichelsheim).

# Mut zur ethischen Position. Zur Auseinandersetzung um die Homosexualität

Christoph Morgner

Seit einiger Zeit nimmt die Diskussion um Wertigkeit bzw. Anerkennung gleichgeschlechtlicher Liebe bzw. Lebensgemeinschaften immer breiteren Raum ein. Gewisse feministische und homosexuelle Interessenverbände melden sich immer unverblümter zu Wort. Ihnen geht es nicht nur um die Anerkennung einer anderen sexuellen Prägung, sondern um die Umgestaltung unserer gesamten Kirche.

Ganz sicher handelt es sich bei diesem Fragenkreis um ein diffiziles Problem, das seine theologische und seelsorgerliche Seite hat. Beide sind voneinander zu unterscheiden, können und dürfen jedoch in der Praxis nicht voneinander geschieden werden. Es darf aber auf keinen Fall vorkommen, daß unter Verweis auf menschliche Rücksicht und seelsorgerliche Belange theologische Grundpositionen verschoben werden.[1]

[1] Solche unglückliche Verquickung scheint mir dann vorzuliegen, wenn das Argument für die Anerkennung homosexueller Lebensgemeinschaften damit unterfüttert wird, daß diese Menschen in der Zeit des Dritten Reiches von dessen Machthabern viel zu leiden hatten, bis hin zum Tod in den Konzentrationslagern. Das gehört zweifellos zu den schrecklichen Kapiteln unserer deutschen Geschichte. Auch unsere Kirche hat wohl im großen und ganzen zum Unrecht an homosexuellen Menschen geschwiegen. Aber die Versäumnisse von damals können heute nicht spiegelverkehrt kursbestimmend wirken. Dann müßte man konsequenterweise auch von dem Unrecht reden, das den Zeugen Jehovas angetan worden ist, und daraus die gleichen Folgerungen ziehen.

Angesichts gravierender geistlicher Orientierungsdefizite, wachsender sozialer Mauern und der Kirchenaustritte in unserem Land empfinde ich es als alarmierend und signifikant zugleich, welche Nebenschauplätze heute innerhalb der Kirche Interesse binden und Energien verzehren. Wo konzertierte Aktionen für missionarische Arbeit und geistliches Leben dringend angesagt sein müßten, begibt man sich in Scharmützel, die innerhalb der einzelnen Gemeinden polarisierend wirken, jedoch von den Medien gierig betrachtet und angeheizt werden.

## 1. Der Trend

Der Trend unserer Tage verläuft eindeutig: Volle kirchliche und gesellschaftliche Akzeptanz homosexueller und lesbischer Partnerschaften. Kein Wunder, daß alle paar Monate gleichgeschlechtliche Paare vor den Türen der Standesämter stehen und auf diese Weise für permanente Schlagzeilen sorgen. Die Kirchen werden bedrängt, diesen Paaren ihren Segen zuzusprechen. Wer sich dagegen ausspricht, zieht sich den Zorn der Betroffenen zu. Diese haben ihre Hemmungen abgestreift. Ihr „Outing" ist „in" und wird von den Medien wohlwollend plaziert. Sie sind in Talkshows wohlgelitten und genießen das Forum, das sich ihnen bietet. „Indem sie mit ihrer sexuellen Prägung nach außen treten, fangen sie nicht nur an, sich selbst zu artikulieren und um Verständnis zu werben. Sie beginnen vielmehr, die Leitbilder und Phantasien von Sexualität in der Öffentlichkeit mitzuprägen."[2] Insofern haben wir es in unserer Frage mit einem gravierenden Problem zu tun, das nicht nur einzelne

[2] Hans-Jürgen Peters, Kirchentag München 1993

als sexuell Betroffene oder als Angehörige derselben betrifft, sondern alle Bürger in unserem Land.

Unsere Kirche hat auf diesem Feld ihre Akzente gesetzt. Sie befindet sich somit nicht nur in der Defensive. Denn mit der Entscheidung des Rats der EKD, zwei Vertreterinnen der Feministischen Theologie als Führungspersonen in das neu zu gründende Frauenstudien- und -bildungszentrum der EKD zu berufen, von denen sich die eine unverblümt zu ihrer lesbischen Lebensart bekennt, wurde erst recht Benzin ins Feuer geschüttet. Einige Synoden haben sich seither mit diesem Thema befaßt.[3] In manchen Beschlüssen, vor allem auf unterer kirchlicher Ebene, zeigt sich die verhängnisvolle Tendenz, homosexuelle Partnerschaften nicht nur theologisch zu sanktionieren, sondern obendrein mit kirchlichem Segen zu versehen.

Gegenwärtig läßt sich ein eindeutiger Tenor erkennen: Gleichgeschlechtliche Liebe wird als anlagebedingt betrachtet, damit als natürlich und deshalb als gottgewollt. Eugen Drewermann: „Du bist homosexuell, darfst aber nicht so leben. Das ist genauso, wie wenn man sagt: Du hast einen Magen, darfst aber nicht essen."[4] Gleichgeschlechtliche Liebe wird der heterosexuellen Liebe als ebenbürtige Schöpfungsvariante hinzugefügt. Was steht da der kirchlichen Segnung, analog zur Ehe, noch im Weg?

Die homosexuellen Gruppierungen in Gesellschaft und

[3] Die Synoden der Westfälischen und der Rheinischen Kirche haben Arbeitspapiere für die Diskussion auf Gemeindeebene herausgegeben. Bei der Durchsicht des Materials fällt jedoch auf, daß es erheblich einseitig zusammengestellt ist und die Tendenz der Herausgeber unverkennbar ist, Homosexualität der Heterosexualität als gleichwertig zuzuordnen. Der biblische Befund wird dementsprechend relativiert. Anders dagegen die Tonarten in den Verlautbarungen aus Bayern und Hannover.

[4] In einer Talkshow auf Nord 3 am 27.11.93

Kirche werden von den Medien nachhaltig unterstützt, denn alles, was großen Institutionen Seitenhiebe versetzt, wird gegenwärtig von ihnen hofiert. Mich erschreckt die Gehässigkeit und verbale Militanz, die manchmal in solchen Gruppen anzutreffen ist.[5] Wir dürfen deshalb die latente Angst nicht unterschätzen, die auch unter kirchlichen Gremienmitgliedern angesichts dieser Lage umgeht. Wer Entscheidungen gegen diese Gruppen zu fällen wagt, macht sich Feinde.

Die folgenden Gesichtspunkte wollen das Gespräch anregen und zur Klärung helfen. Sie bedürfen auf jeden Fall der weiteren Vertiefung.[6]

## 2. Biblischer Befund

Die biblischen Aussagen zum Thema bilden die Basis des Bewertens. Die Stellen aus dem Alten und Neuen Testament in unserem Zusammenhang kann ich als bekannt voraussetzen.[7]

Horst Hirschler weist darauf hin, daß das biblische

[5] So habe ich im Zusammenhang meiner Äußerungen über die Besetzung des EKD-Frauenzentrums in Gelnhausen einen häßlichen Brief von einer führenden Mitarbeiterin von HuK bekommen, dessen Tonart mich hat erschrecken lassen.

[6] Da ich das Thema in diesem Zusammenhang nicht umfassend aufarbeiten kann, verweise ich auf folgende Literatur:
Zeitschrift „Schritte“ 3/93 (mit verschiedenen Beiträgen zum Thema „Die Bibel und Homosexuelle“, u.a. von Helmut Egelkraut, Roland Werner und Rudolf Weth),
Christoph Morgner (Hg), „Glaube, der sich sehen läßt“, Gießen 1993; darin folgende Beiträge:
Bernhard Ritter, Homosexuelle in der Kirche,
Gerhard Naujokat, Kirchliche Segnungen für homosexuelle Paare?

[7] Siehe z.B. 3Mo 18,22; 20,13; Röm 1,18ff; 1.Kor 6,9f

Menschenbild die Polarität von Mann und Frau grundlegend voraussetzt: „Die Unterschiedenheit der Geschlechter ist konstitutiv und gehört zur ursprünglichen Schöpfung ... Die Spannung der Geschlechter, ihr Gegenüber und ihre Zuordnung, ist im Gehorsam zu gestalten."[8] Insofern gehört Homosexualität nicht zur guten Schöpfung Gottes. Sie ist „deutliche Abweichung von oder Störung der von Gott gewollten Ordnung des Lebens der Geschlechter."[9] Sie ist Signum der gefallenen Welt und Folge der Gottverfehlung des Menschen. „Der Mensch verliert sich selbst und kommt in der Einsamkeit seiner Welt um die echte Bezogenheit zum Mitmenschen. Seine Kontakte werden problematisch. In seiner Geschlechtlichkeit verliert er den ihm zugedachten echten Partner ... Der Mensch tastet eine Urordnung an, wenn er in der Homosexualität die Urform der Nächstenschaft beiseiteschiebt, die schöpfungsmäßig im Miteinander von Mann und Frau gegeben ist." Paulus sieht die sexuellen Irrwege im Kontext des Gerichtes Gottes über den Menschen (Röm 1,18–32). Der Mensch hat die Konsequenzen seiner „Urverfehlung" (Röm 1,24.26.28) zu tragen. Gott hat ihn „dahingegeben", so daß der Mensch den eigenen Begierden ausgeliefert ist. „Was der Mensch in der Ferne von Gott will, ‚sich selbst überlassen sein und zu eigener Verfügung leben' ..., das ist zugleich Gottes Gericht über den Menschen, der den Menschen haben läßt, was er haben will. Die Verantwortlichkeit des Menschen wird dabei in keiner Weise aufgehoben."[10]

[8] „Homosexualität und Pfarrerberuf", Hannover 1985, S. 27

[9] Angelika Eibach-Bialas/Ulrich Eibach, in: Evangelische Kommentare 3/93, S. 169

[10] Eichholz, a. a. O., S. 77

Der von Gott gelöste Mensch ist somit stets Opfer und Täter zugleich.

Wer diese biblischen Aussagen als zeitbedingt und damit als überholt beiseiteschieben möchte, übersieht, daß Jesus ausdrücklich auf das Schöpfungszeugnis mit seinem für das Menschsein konstitutiven Gegenüber von Mann und Frau zurückgreift und dieses entgegen allen Aufweichungstendenzen der damaligen Zeit nachhaltig unterstreicht.[11] Auch Paulus wäre es ein leichtes gewesen, die zu seiner Zeit gängigen Trends im Hellenismus aufzugreifen und sie den Gemeinden als positive Möglichkeiten zu vermitteln. Das tut er nicht, sondern er stellt sich vor dem Hintergrund des biblischen Zeugnisses bewußt den damals verbreiteten Auffassungen und Praktiken entgegen.[12]

Resümierend hält Wolfhart Pannenberg fest: „In der Gesamtheit des biblischen Zeugnisses wird also praktizierte Homosexualität ausnahmslos zu den Verhaltensweisen gerechnet, in denen die Abwendung des Menschen von Gott besonders eklatant zum Ausdruck kommt."[13] Deshalb steht eine Kirche, die derartige Lebensgemeinschaften positiv würdigt und gar der Ehe gleichordnet, nicht mehr auf dem Boden der Bibel. Damit gefährdet sie die Einheit der Kirche.

[11] So z.B. in Mk 10,2–9

[12] „Darum kann die Kirche in ihrer offiziellen Lehre homosexuellen Lebensgemeinschaften keine positive Bedeutung als Ausdruck der Bestimmung des Menschen zusprechen, so sehr sie in ihrem seelsorgerlichen Handeln homophilen Menschen mit Verständnis und Liebe begegnen und ihnen den Respekt entgegenbringen soll, der jeder Person als Gottesgeschöpf gebührt" (W. Pannenberg, a.a.O., S. 713).

[13] In idea-spektrum 48/93, S. 13

## 3. Allgemeine Gesichtspunkte

Ob Homosexualität anlagebedingt, also per Vererbung erworben ist, ist wissenschaftlich äußerst umstritten. „Bis jetzt sind alle ‚Beweise' für eine ‚biologische Ursache' der Homosexualität stets Eintagsfliegen gewesen. Menschen, die (ihre) Homosexualität als eine unveränderliche Gegebenheit ansehen möchten, haben sich immer wieder an solche Strohhalme geklammert."[14]

Auf jeden Fall muß davon ausgegangen werden, daß homosexuelle Neigungen durch ungesunde Leitbilder und Familienstrukturen in der Kinder- und Jugendzeit erworben werden. Homosexualität ist als Beziehungsstörung zu betrachten. Der homosexuell empfindende Mensch ist in seiner Reifeentwicklung gleichsam steckengeblieben. Dadurch bleibt er fixiert auf das eigene Geschlecht. Somit haben wir bei der Homosexualität von einer Fehlform der Sexualität auszugehen.

Kürzlich wurde von einer repräsentativen Untersuchung des sexuellen Verhaltens in den USA berichtet.[15] Gewissermaßen als Nebeneffekt stellte sich dabei heraus, daß die Zahl derer, die sich zu einer anhaltend gleichgeschlechtlichen Orientierung bekennen, lediglich 1 % der Bevölkerung beträgt. Bislang war man von wesentlich höheren Zahlen ausgegangen. „Amerikas Schwulenbewegung hatte sich bislang, nach einer fragwürdigen Interpretation des Kinsey-Reports, darauf berufen, zehn Prozent der Bevölkerung verfolge homosexuelle Neigungen"[16], was den homosexuellen Gruppierungen ein entsprechendes Selbstbe-

[14] G.J.M. van den Aardweg in idea-spektrum 48/93, S. 15
[15] SPIEGEL 17/93
[16] SPIEGEL, a.a.O., S. 212

wußtsein vermittelte. Es wird zu fragen sein, inwieweit diese Zahlen auch für Deutschland zutreffen und welche Folgerungen daraus zu ziehen sind.

Horst Hirschler verweist auf folgende Tatsache: „Nach allen bisher vorliegenden Untersuchungen sind neun von zehn Personen, die homosexuelle Kontakte haben, bisexuell."[17] Deren homophile Ausprägung erweist sich also nicht als so eindeutig und stabil, wie das meist behauptet wird.

Sicherlich müssen wir uns davor hüten, aus quantitativen Größen qualitative Schlüsse zu ziehen. Doch ich erachte es für hilfreich, das gesamte Problemfeld in eine ihm angemessene Größenordnung zu rücken.

## 4. Theologische Anmerkungen

Wenn die Gleichung aufgemacht wird: natürlich gleich gottgewollt und gut, wird auf diese Weise vorhandene Homosexualität als von Gott geschaffen deklariert. Dann kann man sogar von einer Berufung zur homosexuellen Liebe sprechen. Doch eine „solche Gleichsetzung der ‚Natur' mit dem Werk Gottes, der Schöpfung, ist theologisch illegitim, denn sie leugnet, daß uns in der ‚Natur' nicht nur die von Gott gewollte Schöpfung, sondern auch das die Schöpfung zerrüttende Übel begegnet."[18] Natürliches, was auch immer, kann jedoch nicht per se theologisch normierend sein.

Bereits ein homophiles Empfinden als Sünde zu bezeichnen, halte ich für theologisch illegitim. Denn damit wird der betreffende Mensch persönlich verantwortlich ge-

[17] Weihnachtsbrief 1993 an die Hauptamtlichen der Hannoverschen Landeskirche, S. 10.

[18] A. Eibach-Bialas/Ulrich Eibach, a.a.O., S. 169

macht. Sünde als der Schöpfungsordnung entgegenstehendes Handeln beginnt jedoch auf jeden Fall dort, wo der Mensch seinem homosexuellen Empfinden die entsprechende Praxis folgen läßt.

## 5. Praktische Konsequenzen

Viele homosexuell empfindende Menschen sind innerlich verwundet, fühlen sich mißverstanden, ausgegrenzt und angegriffen. Auch christliche Verkündigung und Praxis ist an ihnen schuldig geworden. Doch diesen Menschen wird m. E. nicht dadurch geholfen, daß man ihre Art der Sexualität als gleichwertig akzeptiert, zu deren Ausleben ermutigt und gleichgeschlechtliche Partnerschaften mit kirchlichem Segen versieht. Homosexuell empfindende Menschen[19] bedürfen der Akzeptanz als Person sowie der sachkundigen seelsorgerlichen Begleitung, die ihnen hilft, ihr Leben zu meistern. Die Kirche muß dazu ein klares und deutliches Ja sagen und um Vergebung bitten, wo sie aus Kurzsichtigkeit und Lieblosigkeit an den betroffenen Menschen schuldig geworden ist.

Sie muß sich andererseits gegen alle Tendenzen wenden, homosexuelle Lebensgemeinschaften der Ehe als gleichberechtigt beizuordnen. Aus den Schöpfungszeugnissen wissen wir, daß Gott das Zusammenleben von Mann und Frau in der Ehe gesegnet hat. Was Gott gesegnet hat, das wollen

[19] Ich halte den Ausdruck „Homosexueller" als Totalbezeichnung eines Menschen für irreführend und diffamierend. Denn damit wird ein Teilaspekt der Persönlichkeit (die Sexualität) zur Charakterisierung des Ganzen benutzt.

wir auch segnen. Auf dem jedoch, was Gottes guter Ordnung nicht entspricht, kann auch heute kein Segen ruhen.

Nun hat es zu allen Zeiten Pfarrer und kirchliche Mitarbeiter gegeben, die homophil empfunden haben. Diesen muß um ihrer Aufgabe willen ein zölibatärer Lebensstil zugemutet werden. Dieser ist so außergewöhnlich nicht. Er wird ja auch in Diakonissenhäusern und Kommunitäten praktiziert, vom heute gängigen Single-Stil ganz zu schweigen. Betroffene können nicht verlangen, eheähnlich mit einem gleichgeschlechtlichen Partner zusammenleben zu dürfen. Damit würde nicht nur das biblische Leitbild der Ehe relativiert. Es käme auf diesem Wege zu einer Leitbildverschiebung innerhalb unserer Gesellschaft. Zwar wurde diese durch ein Urteil des Bundesverfassungsgerichtes vorerst abgewehrt. Aber ich befürchte, daß nun unsere Kirche von den betreffenden Gruppen als Türöffner instrumentalisiert und als Hebel in Richtung gesellschaftlicher Anerkennung benutzt wird. Denn wenn die evangelische Kirche beginnen sollte, gleichgeschlechtliche Paare zu segnen, wird sich der Staat kaum der Akzeptanz dieser Lebensform entziehen können, weil das Grundgesetz auf christlichen Überzeugungen fußt. Daß hierbei natürlich die katholische Kirche eine aufhaltende Rolle spielen wird, sei nur am Rande vermerkt.

Es ist jedoch vor dem Hintergrund der Erlebnisgesellschaft völlig erklärlich, daß das Verlangen, homosexuell empfindende Menschen sollten um des Reiches Gottes willen zölibatär leben, von den Betroffenen als unzumutbar verstanden wird. Wer im Trend unserer Zeit seine eigene Verwirklichung auf die Fahnen geschrieben hat, wird davon nur schwerlich zu überzeugen sein. Um der Sache Jesu und um der Menschen in einer Gemeinde willen einen Verzicht zu verlangen, scheint im Raum der Kirche nahezu unmöglich geworden zu sein.

Vielfach wird in christlichen Kreisen behauptet: Homosexualität ist grundsätzlich heilbar. Ich halte diese pauschale Aussage für voreilig. Denn ihr wird von anderen christlichen Fachleuten widersprochen. Diese verweisen darauf, daß es Prägungen gibt, die sich kaum oder überhaupt nicht verändern lassen. Hier bedürfen wir weiter des internen Gesprächs.

## 6. Prägender Umgang

Christliche Verkündigung hat in Richtung des Schöpfungsgemäßen orientierend zu wirken. Sie soll Bereitschaft zur Ehe wecken. Diese fällt „ja nicht vom Himmel, sie ist auch nicht einfach als biologisch vorgegeben da – da gibt es ganz andere Prägungen –, sie muß immer wieder neu eingesprochen und kulturell gestützt werden. Das ist aber nach dem biblischen Zeugnis die Aufgabe der christlichen Verkündigung.“[20]

Diese darf deshalb keinesfalls zur homosexuellen Praxis ermutigen. Vielmehr hat sie durch Wort und Lebenszeugnis zur Gestaltung dauerhafter, heterosexuell orientierter Beziehungen zu helfen. Aus diesem Grund wird die Berufung von Personen, die sich deutlich zu ihrer Gleichgeschlechtlichkeit bekennen und diese propagieren, als contraproduktiv im Sinne des Evangeliums wirken. Wer als Erzieher im weitesten Sinn tätig ist, wirkt als Vor-Bild. Sein Verhalten, seine Lebensart färben auf die ab, die ihm zum Erziehen anvertraut sind. Das vollzieht sich automatisch.

[20] Hirschler, a.a.O., S. 9

Umgang prägt, auch in der sexuellen Orientierungsphase eines heranwachsenden Menschen.

Aus diesem Grunde wende ich mich scharf gegen das Herausstellen lesbischer und homosexueller Lebensart im kirchlichen Raum, wie es zum Beispiel auf dem letzten Kirchentag anzutreffen war. Den haben die entsprechenden Gruppen weidlich als Bühne und Werbefläche mißbraucht. Hier werden die Jugendlichen, die den größten Teil der Kirchentagsbesucher ausmachen, von der neckisch aufgezogenen Werbung „Lesbisch - na klar!“ und „Homosexuell - na und?!“ angesprochen. Doch bei vielen Jugendlichen ist die Sexualität noch nicht endgültig ausgeprägt. Sie befindet sich in einem Reifestadium. Mit diesem können zeitweilige Neigungen zum eigenen Geschlecht verbunden sein. Wenn diese auf die entsprechende Werbung treffen, kann das zur Folge haben, daß ein junger Mensch seine partiellen und gelegentlichen Gefühle als seine Grundprägung betrachtet und durch entsprechenden Umgang und Handlungsweisen fixiert. Gerade aus diesem Grund empfehle ich den Verantwortlichen der Kirchentage ein höheres Maß an Sensibilität. Wer will verantworten, was dort geschieht?!

Hans-Jürgen Peters hat nach dem Kirchentag 1993 gefragt: „Warum wird Homosexuellen ... keine wirkliche Seelsorge angeboten?“ Das Gegenteil ist der Fall: Am Stand „Homosexuelle und Kirche“ (HuK[21]) wird Jugendlichen „Beratung darin geboten, wie sie den Mut finden können, ihre sexuelle Eigenart auszuleben und damit an die Öffentlichkeit zu treten.“[22] „Auf einem Flugblatt, das vom Ökumenischen Arbeitskreis ‚Lesbische Frauen und Kir-

[21] HuK ist Mitglied im Evangelischen Kirchentag e.V.
[22] Peters, a.a.O., S. 13

che' (LuK) herausgegeben wurde, finden sich in ‚humorvolle' Form gekleidete Hinweise für den Umgang mit Lesben: ‚Wenn du eine Lesbe triffst ... Hinweise für Anfängerinnen.' Unter anderem steht dort zu lesen: ‚Frage sie nicht, wieso sie lesbisch wurde – frage Dich, wieso Du heterosexuell wurdest.'"[23]

## 7. Befürchtung

Sollten sich eine oder mehrere Landeskirchen zur Legitimierung von Segnungen und Trauungshandlungen für homophile Paare verstehen, wird das meines Ermessens nachhaltige Folgen haben:

– Es gibt in diesem Problemkreis nicht nur einen Riß zwischen Kirche und Pietismus, sondern der Riß verläuft durch die einzelnen Landeskirchen hindurch. Aus der vorhandenen inneren Spaltung kann sich unversehens eine äußere Spaltung ergeben, wenn von kirchenleitenden Gremien derart gegen das Schriftzeugnis verstoßen wird. Das kann zu erdrutschartigen Veränderungen der kirchlichen Landschaft führen.

– Viele treue Gottesdienstbesucher, Beter und Spender werden ihre Kirche nicht mehr verstehen. Manche werden ihr enttäuscht den Rücken kehren.

Die Zerreißprobe, in der sich unsere Kirche befindet, macht mich sehr besorgt. Hier sind alle, denen der Weg unserer Kirche am Herzen liegt, besonders aber die, die in ihr leitende Verantwortung tragen, zum Hören auf das Zeugnis der Schrift, zum Beten und zum rechten Handeln herausgefordert.

[23] ebd., S. 14

Dokument

# Stellungnahme zu sogenannten „neuen Lebensformen“[1]

Gerhard Hennig

## *1. Zum Vorgang*

Vom 21. bis 23. Juni fand im Tübinger Schlatterhaus eine Tagung der Interessengemeinschaft württembergischer Theologiestudierender statt. Etwa 40 Studierende nahmen daran teil. Die Interessengemeinschaft württembergischer Theologiestudierender, abgekürzt IGWT genannt, ist keine Einrichtung der Landeskirche, wurde aber von uns bislang als einer der studentischen Gesprächspartner in Tübingen geschätzt und gefördert, u.a. durch die Einräumung eines besonderen Gastrechts in unserem Haus in der Doblerstraße.

Auf dem Boden dieses bislang bewährten und begründeten Vertrauens möchte der Oberkirchenrat die schon vor einiger Zeit vereinbarten Gespräche mit der IGWT führen, vorab auch über die in der Anfrage des Synodalen Teich angesprochene Resolution zu den sog. „neuen Lebensformen“. Wir verbinden damit die Hoffnung und den Vorsatz, daß sich die Freiheit des theologischen Diskurses nicht als Gegensatz zu pastoralethischer Verantwortung, sondern als deren Entsprechung erweise.

[1] Auf eine entsprechende Anfrage des Landessynodalen Volker Teich, Gomaringen, zu sog. „neuen Lebensformen“ gab Oberkirchenrat Dr. Gerhard Hennig namens der Kirchenleitung der Württembergischen Landeskirche die folgende Stellungnahme ab.

## 2. *In der Sache*

a) Die von Gott gesegnete Lebensform zwischen Mann und Frau ist die Ehe. Die Ehelosigkeit ist die zur Ehe alternative Lebensform, die das Neue Testament ausdrücklich als eine der Ehe entsprechende „Gabe von Gott“ bezeichnet und würdigt.

b) Verheiratete und Ledige leben in vielen Beziehungen: in der Gemeinde, in Nachbarschaften, in Kollegialitäten und Freundschaften. Die Bibel und Kirchengeschichte kennen darüber hinaus Formen der Dienst- und Lebensgemeinschaften von Männern oder Frauen. Angefangen von Jesus und seinen Jüngern, von der Klostergemeinschaft eines Benedict von Nursia bis hin zu den „Schwestern“ von Kaiserswerth oder den „Brüdern“ eines Michael Hahn oder den Kommunitäten unseres Jahrhunderts.

c) Auch unsere Landeskirche kennt und ehrt solche Dienst-, Lebens- und Wohngemeinschaften von Männern oder Frauen. Im unständigen Dienst im Pfarramt übertragen wir mitunter zwei Pfarrvikaren oder zwei Pfarrvikarinnen einen gemeinsamen Dienstauftrag und geben ihnen ein gemeinsames Pfarrhaus. Dies ist eine bewußte und bejahte Alternative zum traditionellen Pfarrhaus, die wir erproben. Sie in die Nähe der vom Synodalen Teich gestellten Frage zu bringen, hielte der Oberkirchenrat für unstatthaft.

d) Hat sich Gott mit seinem Segen gegenüber der Ehe (und Ehelosigkeit) ins Wort begeben, so steht es der Kirche nicht zu, andere Lebensformen zu segnen. So wenig die Kirche Sakramente, die Christus nicht gestiftet hat, erfinden kann, so wenig kann sie segnen, was Gott nicht gesegnet hat.

e) Eine evangelische Kirche erwartet von ihren Pfarrern und Pfarrerinnen, daß sie mit ihren Worten und mit ihrem

Verhalten dafür einstehen, daß Gott die Ehe oder die Ehelosigkeit den Menschen als Lebensform zugewiesen und zugestanden hat - und daß darauf sein Segen liegt.

f) Eine Aufnahme solcher in den pfarramtlichen Dienst, die in homosexuellen Partnerschaften leben (und sie propagieren), halten wir nicht für möglich. Wir befinden uns mit dieser Standortbeschreibung jedoch auch in einem Gesprächsprozeß, der derzeit in allen Landeskirchen in Gang gekommen und noch nicht abgeschlossen ist.

Stuttgart, den 23. November 1991

Die Beiträge dieses Buches erschienen zunächst – bis auf den Text von Christoph Morgner – in der Zeitschrift „Theologische Beiträge“ 4/1994. Wegen der großen Nachfrage entschloß sich der Verlag zu einer Buchausgabe und dankt allen Autoren für ihre freundliche Zustimmung.

Gerhard Hennig, Stellungnahme zu sogenannten „neuen Lebensformen“, ist entnommen aus: Öffentliches Druckprotokoll einer öffentlichen Sitzung der Württembergischen Landessynode.

Mit freundlicher Genehmigung wurde abgedruckt:

Christoph Morgner, Mut zur ethischen Position, aus: Christoph Morgner, Evangelisches Profil wagen in unübersichtlicher Zeit – Gemeinschaftsarbeit in der Erlebnisgesellschaft. Bericht des Präses anläßlich der Gnadauer Mitgliederversammlung auf St. Chrischona/Schweiz, 14.–18. 2. 1994, Gnadauer Verlag Dillenburg 1994.

Ulrich Eibach

**Medizin und Menschenwürde**
Ethische Probleme in der Medizin aus christlicher Sicht

588 Seiten, TVG-Paperback, Bestell-Nr. 229710

Das Buch ist die in unserem Sprachraum bisher gründlichste Arbeit auf diesem Gebiet. Mit ihrem besonders hohen Informationsgehalt ist die Studie für medizinische Praktiker und Kliniker, für Pfarrer und Anthropologen eine reiche Fundgrube, eine klare, zuverlässige und – hinsichtlich des seelsorgerlichen Aspektes – auch tröstliche Entscheidungshilfe.
*Die Schwester/Der Pfleger 1977 (Prof. Dr. med. Lau)*

*„Medizin und Menschenwürde" stellt zweifellos die am meisten durchdachte und verantwortungsbewußte Abhandlung zum Thema „Sterbehilfe" oder „Euthanasie" dar.*
*Prof. Dr. theol. Traugott Koch, in: Zeitschrift für Theol. und Kirche 1987*

Ulrich Eibach

**Abtreibung – Lebensrecht contra Selbstbestimmung**
Ethische Überlegungen zur aktuellen Diskussion

80 Seiten, R. Brockhaus Taschenbuch, Bestell-Nr. 220461

Die politischen Ereignisse in Deutschland haben die Diskussion um die Abtreibungsproblematik neu aufflammen lassen: Fristenlösung oder Indikationsmodell? Ulrich Eibach wägt die Konzeptionen gegeneinander ab, fragt nach gesellschaftlichen und geistigen Hintergründen des Schwangerschaftsabbruchs, erörtert grundlegende theologische und ethische Bedenken, nimmt Stellung zur Problematik der „Güterabwägung", die in erster Linie der Schwangeren aufgebürdet wird, und mahnt – nicht zuletzt als Aufgabe der Kirche – nachdrücklich Lebensschutz im Vorfeld der Schwangerschaft an. Ein Buch für Menschen, die nicht mit Parolen oder Pauschalurteilen zufrieden sind, sondern sich mit Argumenten auseinandersetzen und um Lösungswege ringen wollen.

Helmut Burkhardt (Hrsg.)

**Christliche Ethik im Wandel der Systeme**

Bericht von der 8. Theologischen Studienkonferenz des Arbeitskreises für evangelikale Theologie

176 Seiten, TVG-Paperback, Bestell-Nr. 229 389

Haben der biblischen Wahrheit verpflichtete Christen in die gegenwärtige Orientierungskrise in Ost und West hinein etwas zu bieten?

*Karl-Heinz Michel:* Gedanken zum Geltungsanspruch christlicher Ethik im Streit der Kulturen – *Rainer Mayer:* Christliche Ethik zwischen Staatshörigkeit und Staatsverdrossenheit – *Werner Leich:* Konflikterfahrungen als Christ in einem totalitären System – *Rudolf Decker:* Politik in der Verantwortung vor Gott und den Menschen – *Werner Lachmann:* Wirtschaft zwischen Sozialismus und Kapitalismus – *Wolfgang Bittner:* Der Verfall der Werte als Herausforderung an die Christenheit – *Werner Lachmann:* Ökologie und Wirtschaft – Zwölf Thesen – *Helmut Burkhardt:* Das biblische Verständnis von Eigentum und Arbeit und seine wirtschaftsethischen Konsequenzen – *Rolf Hille:* Publizistische Ethik – *Heinz-Werner Neudorfer:* Jesus im Kreuzverhör. Bibelstudie zu Matthäus 22,15–22 – *Uwe Swarat:* Die Krise der gesellschaftlichen Institutionen und die Verantwortung der Christen. Bibelstudie zu 1. Petrus 2,11–17

Eckard J. Schnabel

**Sind Evangelikale Fundamentalisten?**

96 Seiten, TVG-Paperback, Bestell-Nr. 229 067

„Fundamentalismus“ – dieses Schlagwort – spielt in der aktuellen Diskussion über die Evangelikalen eine wichtige Rolle.
Sind Evangelikale rechthaberische Festungsbauer, autoritätsbedürftige Konservative, arrogante Leugner der Freiheit eines Christenmenschen – weil sie zwischen gläubig und ungläubig unterscheiden, weil sie nur die bewußt Glaubenden zur Gemeinde Jesu Christi rechnen wollen, weil für sie die Bibel maßgebliche Norm nicht nur für das kirchliche Bekenntnis, sondern auch für das alltägliche Leben ist? – Dieses Buch setzt sich kritisch, aber konstruktiv mit anderen Positionen auseinander.